August Haeger

Lotzes Kritik der herbartischen Metaphysik und Psychologie

August Haeger

Lotzes Kritik der herbartischen Metaphysik und Psychologie

ISBN/EAN: 9783743429017

Hergestellt in Europa, USA, Kanada, Australien, Japan

Cover: Foto ©berggeist007 / pixelio.de

Manufactured and distributed by brebook publishing software (www.brebook.com)

August Haeger

Lotzes Kritik der herbartischen Metaphysik und Psychologie

Lotzes Kritik
der

Herbartischen Metaphysik und Psychologie.

Inaugural-Dissertation
der

hohen philosophischen Fakultät der Universität Greifswald

zur

Erlangung der Doktorwürde

vorgelegt

und nebst den beigefügten Thesen

Dienstag den 15. September 1891

Vormittags $9\frac{1}{2}$ Uhr

öffentlich verteidigt

von

August Haeger

aus Wildenhagen in Pommern.

Opponenten:

Herr Drd. Dibbelt.
Herr cand. phil. Panzer.
Herr stud. phil. Gippe.

GREIFSWALD.
Druck von F. W. Kunike.

Lange Zeit wurde Lotze von vielen Philosophen als Herbartianer bezeichnet, und trotz Lotzes dagegen erhobenen Protestes werden wir dieser Bezeichnung nicht jede Berechtigung absprechen können. Denn wie ja Lotze selbst gerade dort[1]), wo er seine Zugehörigkeit zur herbartischen Schule bestreitet, nicht jede Verwandtschaft seiner Ansichten mit denen jener Schule leugnet, so zeigen wirklich bei näherer Vergleichung die Systeme beider Männer in vielen wichtigen Punkten eine mehr als zufällige Aehnlichkeit, ja Gleichheit, so dass der Gedanke einer Abhängigkeit des Jüngeren von dem Aelteren nicht völlig abzuweisen sein dürfte.

Allerdings wurde Lotze durch seine Beschäftigung mit der Herbartischen Philosophie nicht zur bedingungslosen Beistimmung, sondern vielfach zum Widerspruch gegen dieselbe gerade] in der Behandlung der Hauptprobleme geführt, und wenn er überhaupt noch als Herbartianer zu bezeichnen sein sollte, so gehört er jedenfalls nicht zu den eigentlichen „Janern", sondern es ist seiner Behauptung beizupflichten, der Sinn seiner Ansichten werde nie verstanden werden, so lange man ihnen als Motiv eine Zustimmung zu den herbartischen Principien unterschiebe, die vollkommen das Entgegengesetzte dessen seien, was er verteidigen möchte.

Im Vordergrunde des Interesses stand bei beiden Philosophen die Lehre vom Seienden überhaupt, die Metaphysik, und die Lehre von demjenigen besonderen Seienden, das

---

1) Streitschr. p. 5.

wir Seele nennen. Diesen beiden Wissenschaften haben sie den bei weitem grösseren Teil ihrer Arbeit gewidmet, und in ihnen erkennen wir daher auch am deutlichsten das wissenschaftliche Verhältniss beider Männer zu einander: bei grosser Verwandtschaft, ja Abhängigkeit Lotzes von Herbart doch einen entschiedenen Gegensatz in der Lösung einzelner Probleme, eine polemisirende Kritik und in vielen Punkten eine unzweifelhafte Berichtigung Herbartischer Aufstellungen durch Lotze [1]).

Herbart geht aus von unserem Bewusstseinsinhalt als dem uns auf Grund des Wahrnehmens Gegebenen. Er läugnet)[1] aber die Realität dieses Gegebenen, da die Dinge oder „Sachen", Complexionen von Einfachen der Empfindung seien, und dieses Einfache der Empfindung niemand für real halte, wie es schon die Sprache durch Adjektive ausdrücke. Da also von dem Gegebenen das „Sein" geleugnet werden müsse, könne es nur als Schein bezeichnet werden. Wo aber Schein sei — und dieser Schein als Schein sei wirklich — da sei notwendig etwas vorauszusetzen, welches erscheine und aus dem das Scheinen abzuleiten sei, folglich: „Soviel Schein, soviel Hindeutung auf das Sein."

---

1) Von den Schriften der beiden Philosophen sind in dieser Untersuchung besonders folgende berücksichtigt:
von Herbart
1. Hauptpunkte der Metaphysik 1808. Werke Hartenstein III.
2. Lehrbuch zur Einleitung in die Philosophie 1813. „Einl."
3. De attentionis mensura etc. 1822 kl. S. II.
4. Lehrbuch der Psychologie 1816. Werke V „Lehrb."
5. Psychologie als Wissenschaft u. s. w. 1824. Werke V. VI.; „Psych."
6. Allgemeine Metaphysik 1828/29. Werke III. IV.
von Lotze
1. Medicinische Psychologie 1852.
2. Mikrokosmus I. 1856.
3. Streitschriften 1. Heft. 1857.
4. Metaphysik 1879.
5. Seele und Seelenleben 1846 kl. S. II 1 ff.
1) Hauptpunkte p. 13. Einl. § 118. 132. Metaph. § 169 ff. § 197 ff.

Wenn nach dem Vorstehenden „scheinen" heisst: unserm Bewusstsein auf Grund der Wahrnehmung gegeben sein — was heisst dann „sein"? Herbart lehrt[1]): Erklären, dass A sei, heisst erklären, es solle bei dem einfachen Setzen von A sein Bewenden haben. — Aber haben wir mit dieser Erläuterung eine leicht verständliche Erklärung des Begriffs „Sein" erhalten? Wohl kaum! Was bedeutet denn zunächst das Wort „setzen"? Lotze nimmt an dem Ausdruck Anstoss[2]) und bemerkt, dass Position oder Setzung als erläuternder Ausdruck für das reine Sein in einer Weite der Bedeutung gebraucht werde, durch die er zu einem unvollkommenen Gedanken würde. Während die Worte durch Erinnerung an ihre eigentliche Bedeutung versinnlichend wirken sollten, würde doch ausdrücklich wieder verneint, worauf ihre eigentliche Bedeutung beruhe. Dadurch würden sie unklar und zweideutig. Setzung und Position verlangten nicht nur die Angabe dessen, was gesetzt würde, sondern auch die Angabe des Orts, wohin es gesetzt würde, und dadurch würde man, um der Setzung, dem reinen Sein, den Sinn zu geben, durch den sie sich von der Nichtsetzung, dem reinen Nichtsein, unterschiede, zur Annahme von Verhältnissen zurückgewiesen, die ja Herbart dem Seienden abspricht.

Gegen diesen Tadel in der Form, wie er von Lotze erhoben und begründet wird, ist Herbart ohne Zweifel zu verteidigen. Nie hat derselbe die Ausdrücke Position und Setzung um der versinnlichenden Kraft willen gewählt, die in ihnen liege; jedenfalls hat ihm der Gedanke an einen Ort, an den der betreffende Gegenstand zu setzen sei, sehr fern gelegen, und es wird daran auch niemand so leicht denken, der mit dem Herbartischen Systeme vertraut ist und aus Herbarts Worten das herauszulesen sich bemüht, was derselbe hineingelegt hat. Freilich leistet die von Herbart dem Worte

---

1) Hauptpunkte § 1.
2) Metaph. p. 37.

„setzen" beigelegte Bedeutung nichts zur Erläuterung des Begriffs „sein", vielmehr erhält es selbst erst durch denselben seine Erklärung. „Setzen" ist bei Herbart offenbar dasselbe wie: für seiend halten. Einen andern Sinn kann doch die Setzung der Schatten, Träume, Täuschungen aller Art nicht haben, welche später zurückgenommen wird, nachdem eben jene Schatten, Träume, Täuschungen als nicht-seiend erkannt sind [1]). Ueberhaupt zeigt sich hier gleich am Eingange der Grundfehler des ganzen Systems. Das Seiende, welches doch nach Herbart etwas ganz anderes ist als das Scheinende d. i. unser auf Grund des Wahrnehmens vorhandener Bewusstseinsinhalt, dieses Seiende will er erkennen und bestimmen, und gleich der erste Schritt führt ihn auf die Scheinwelt zurück. Denn nicht nur dreht er sich bei der Erklärung des Begriffes „sein", wie gezeigt, im Cirkel, sondern er rät auch, die Setzung des „Seienden" nach dem Vorbilde der mit jeder Wahrnehmung geschehenden Setzung zu vollziehen [2]). „Fragt man uns: wie sollen wir es machen, etwas als seiend zu setzen, so antworten wir: setzt es so, wie ihr gewohnt seid, die Dinge in der Sinnenwelt dann zu setzen, wenn ihr sie seht oder betastet, oder deren Ton Geschmack sinnlich wahrnehmt."

Also auch die sinnlichen Wahrnehmungen, sogar Schatten und Träume werden ursprünglich gesetzt, und Herbart meint also nicht, mit dem Ausdruck „Setzung" das von Lotze sogenannte „reine" Sein oder das der Scheinwelt entgegengesetzte An-sich-Seiende bezeichnet zu haben. Dieses wird erst ausgedrückt durch die „absolute", „nicht zurücknehmbare" Position. Denn auf dem Attribut „einfach" liegt in jener oben angeführten Definition der Nachdruck. Vieles wird gesetzt, dessen Setzung wieder zurückgenommen wird, das

---

1) Herb. Met. § 202.
2) Met. § 201.

demnach als nicht-seiend erkannt wird. Durch den Ausdruck „A ist" soll die Frage, ob die Setzung des A wieder zurückzunehmen sei, verneinend beantwortet werden. Der Begriff des Sein auf einen Gegenstand bezogen, bezeichnet also nach Herbart[1]) nichts als das Bekenntniss, dass wir eine in Ansehung desselben unnötige Frage aufgeworfen haben: nemlich die Frage, ob es bei dem Setzen des Gegenstandes sein Bewenden haben solle, oder ob die Setzung desselben gleich der Setzung der Traumerscheinungen u. s. w. zurückzunehmen sei.

Die weitere Polemik Lotzes am angegebenen Orte gegen die der „einfachen" Setzung etwa untergeschobene Bedeutung der „schlechthinnigen Setzung, die von jeder Beziehung absehe, als gegen eine sich selbst widersprechende Abstraktion, hat ihren Grund darin, dass Herbart das „Seiende" als beziehungslos bestimmt, Lotze dagegen als die einzige Bestimmtheit desselben das mit anderen Seienden in Beziehung d. i. in Wechselwirkung-Stehen anerkennt[2]). Da es sich hier nur um den Sinn handelt, den wir mit dem als Prädikat auf einen Gegenstand bezogenen Begriff des „Seins" verbinden, nicht um die Bestimmtheiten, die diesem Gegenstande, dem Seienden also, zukommen müssen, so kann die angegebene Differenz der beiden Lehren nicht hier besprochen werden, sondern gehört in die Erörterung über die Bestimmtheiten des Seienden.

Auch was Lotze gegen die Auffassung der Setzung als Bejahung sagt, und gegen das Missverständniss, als werde durch die Bejahung, wenn sie auf kein bestimmtes Prädikat gerichtet, sondern schlechthin ausgeübt werde, dies allgemeine und reine Sein (Seiende?) erzeugt, das allem bestimmten Sein (Seienden?) zu Grunde liege, während doch die Be-

---

1) Met. § 202.
2) L. Met. p. 160.

jahung das Prädikat nicht hervorbringe, auf das sie falle, sondern ebenso gut das Nichtsein als das Sein der Dinge behaupten könne — trifft Herbart nicht, der bei der einfachen Position durchaus nicht an Bejahung dachte, wie oben auseinander gesetzt ist. Auch der Vorwurf, dass Position als Benennung einer Handlung zu dem Irrtum veranlasse, als würde durch dieselbe das Sein (Seiende?) erzeugt, richtet sich nur gegen eine falsche Auslegung der Herbartischen Worte, nicht gegen diesen selbst.

Wenn sich so gezeigt hat, dass die Einwürfe Lotzes gegen die Herbartische Definition des Begriffs „sein" nichts geleistet haben; dass Lotze nur falsche Auslegungen derselben zurückgewiesen, nicht Herbarts eigene Meinung widerlegt hat, so erhebt sich für uns die Frage: Wo liegt denn der Fehler in Herbarts Gedankengang, da ja doch seine Definition des Seins, auch wie er sie verstanden wissen will, missglückt ist. Denn mit der Setzung befinden wir uns, wie oben gezeigt, noch durchaus in der Welt des „Scheins", und auch die „einfache", „absolute" Position hebt uns aus derselben nicht heraus, wenn er sie gegenüberstellt der wieder zurückzunehmenden Setzung der Träume, Täuschungen u. s. w., und wenn nach ihm „die absolute Position auch in jeder Empfindung ist, ohne dass man es merkt"[1]).

Und doch meint Herbart unzweifelhaft durch jene Definition uns aus der Sphäre des „Scheinenden" in die des „an sich Seienden" erhoben zu haben, wie aus seiner dualistischen „Schein"- und „Seins"-Welt gegenüber stellenden Weltauffassung sich notwendig ergiebt, und nicht nur die ursprüngliche Setzung der Träume u. s. w., sondern auch die aller Dinge, die uns durch Wahrnehmung gegeben werden, muss nach seiner Ansicht wieder zurückgenommen, die

---

1) Met. § 204.

wahrgenommenen Dinge also müssen als „scheinende" bezeichnet werden.

Kehren wir daher, da Herbart sich so schnell in eine Sackgasse verrannt hat, aus der ihn nur eine Inconsequenz und Verletzung seiner Grundanschauung herausführte, und da er schon beim ersten Versuch, in das Gebiet des „Seins" zu gelangen, in das des „Scheins" zurückgefallen ist, noch einmal zu seinem Ausgangspunkte zurück, um die Fehler in seinem Gedankengange zu entdecken.

In den „Hauptpunkten der Metaphysik" begründet Herbart seinen Dualismus einzig durch die Nichtrealität der Sinneswahrnehmung, die allgemein anerkannt sei und die er selbst daher gar nicht erst beweist. Ausführlicher ist er in der „Einleitung" [1]) und in der „Metaphysik" [2]). In der Einleitung, auf welche sich die Metaphysik mehrfach als Voraussetzung beruft (z. B. § 168) sagt er: Das Was der Dinge wird uns durch die Sinne nicht bekannt". Denn erstlich: die sämtlichen, in der Wahrnehmung gegebenen Eigenschaften sind relativ (folgt Begründung dieser Behauptung); zweitens: die Mehrheit der Eigenschaften verträgt sich nicht mit der Einheit des Gegenstandes. Wer auf die Frage: was ist dies Ding? antworten will, der antwortet durch die Summe seiner Kennzeichen, nach der Formel: dies Ding ist a und b und c und d und e. Die Rede sei aber von Einem gewesen, nicht von Vielem; darum sei die Antwort ungereimt und das „Was" des Dinges durch dieselbe nicht bestimmt u. s. w.

Die Relativität der wahrgenommenen Sinnesqualitäten also im Verein mit dem Widerspruch, den das Eine Ding mit seinen mehreren Merkmalen in sich birgt, und mit den vielen sonstigen Widersprüchen im Gegebenen [3]), besonders

---

1) Einl. § 118 ff.
2) Met. § 165 ff. § 167. 169. 182.
3) Einl. § 119.

in den Begriffen der Veränderung, des Grundes und der Folge, des Stetigen, des Ich, veranlassen Herbart dazu, unsere ganze Vorstellungswelt als „Schein" zu bezeichnen und sie in Gegensatz zu einer „Seins"-Welt zu stellen.

Hier klafft offenbar eine grosse Lücke. Denn Relativität der Sinneswahrnehmung ist doch etwas ganz anderes als Nichtsein derselben (das bedeutet „Schein" in der dualistischen Gegenüberstellung). Sind die Sinnesqualitäten in der Wahrnehmung abhängig von allerhand äusseren Umständen und von der Beschaffenheit der Sinnesorgane des Wahrnehmenden —: gut, so gehört diese Relativität mit zu ihren Bestimmtheiten; sie als Schein zu bezeichnen, hätten wir nur dann ein Recht, wenn uns andere Eigenschaften des jedesmal in Frage kommenden Dinges bekannt wären, die keiner solchen Abhängigkeit von begleitenden Umständen und keinem Wechsel unterworfen wären. Und was die Widersprüche anbetrifft, die Herbart in gewissen Begriffen findet, so findet er dieselben nur deshalb, weil er das Gegebene nicht nimmt, wie es sich bietet, und nicht durch Analyse desselben seine Bestimmtheiten zu erkennen sucht, sondern mit vorgefassten Begriffen an die gegebenen Begriffe herantritt, wo denn die letzteren mit den ersteren nicht übereinstimmen, da diese nicht rechtmässig auf Grund des Gegebenen gebildet sind. Die angeblichen Widersprüche können nicht alle hier einzeln besprochen werden, aber mit welchem Rechte fordert z. B. Herbart von dem Einen Dinge Einfachheit d. i. Bestimmtheit durch Ein Kennzeichen? Das Eine Ding, wie es uns gegeben ist und wie es allgemein aufgefasst wird, giebt uns zu einer solchen Forderung keine Berechtigung.

Die Leichtigkeit, mit der Herbart auf Grund jener angeblichen Widersprüche den Sprung aus der gegebenen Welt als einer „Schein"-Welt in eine „Seins"-Welt wagt, zeigt, dass er schon vorher das uns Gegebene als „nicht-seiend" als Schein auffasste, worauf denn der Ergänzungsbegriff des

„Seienden" sich von selbst einstellte. Auch bei Herbart ist wie bei allen Dualisten dieser Art die Beobachtung zu machen, dass sie, anstatt in ihren Urteilen über die Welt die Quelle der Widersprüche zu entdecken und dieselben nach der Welt umzubilden, sie leichter die Identität von Welt und Seiendem verneinen [1]).

Der Ursprung dieser falschen Gegenüberstellung der unserem Bewusstsein gegebenen Welt als blosen Scheins zu einer wahrhaft „seienden" Welt, liegt offenbar in der Thatsache, dass von dem gesamten Bewusst-Seienden und Gegebenen Träume Sinnestäuschungen aller Art, Phantasiegebilde u. s. w. in Gegensatz traten zu dem durch allgemeine Causalverknüpfung Charakterisierten, worauf man dann ganz richtig jenes als scheinend, dieses als seiend bezeichnete. Dieser richtigen Unterscheidung aber von Seiendem und Scheinendem innerhalb des gesamten Bewusst-Seienden schob man bald auf Grund der Veränderung und der Relativität der Sinnesqualitäten die andere unter, als deren erstes Glied die uns auf Grund des Wahrnehmens gegebene Welt unter dem Namen einer „Schein"- oder „Erscheinungs"-Welt fungierte, während als zweites Glied eine Ideenwelt oder „an sich seiende" Welt gesetzt wurde, die von uns nie durch Wahrnehmung zu erfassen, sondern entweder nur durch Begriffe oder, nach andern Philosophen, überhaupt nicht zu erkennen sei. Da wir nun aber die Begriffe ebenfalls nur auf Grund des Wahrnehmens haben, nemlich Wahrgenommenes oder Vorgestelltes als begriffenes d. i. unterschieden von und verglichen mit anderem Wahrgenommenen oder Vorgestellten [2]), so ist diese angebliche Seinswelt überhaupt nicht zu erkennen, folglich, da sie nie Bewusstseinsinhalt werden

---

1) vgl. Rehmke. Die Welt als Wahrnehmung und Begriff p. 134.
2) Rehmke p. 107 f.

kann, der Begriff dieser Seinswelt als ein falsch gebildeter, als ein Hirngespinnst zu bezeichnen [1]).

Daher kann, wenn ein Gegensatz zwischen Sein und Scheinen überhaupt festzustellen ist, dies nicht im Sinne Herbarts und der Dualisten geschehen, sondern nur in der Weise, worauf Herbart durch seine Bemerkung von der unzurücknehmbaren Setzung des Seienden im Gegensatz zu dem zurückzunehmenden Setzen der Träume u. s. w. hätte geführt werden müssen, dass auf der einen Seite als Schein die Träume, Sinnestäuschungen, Bewusstseinsgebilde krankhaften oder willkürlich-subjectiven Ursprungs zu stehen kommen, auf der andern Seite als Seiendes dasjenige, was sich in durchgängiger Causalverknüpfung mit der übrigen „Welt" und in widerspruchslosem Zusammenhang mit dem übrigen auf Grund des Wahrnehmens Bewusst-Seiendem zeigt, so dass als Kennzeichen des Seienden im Unterschiede vom Scheinenden diese seine Causalverknüpfung zu bezeichnen ist.

Es könnte scheinen, als unterscheide auch Lotze das Seiende und das Nicht-Seiende oder Scheinende nach demselben Kriterium, welches wir soeben angegeben haben, wenn er behauptet: [2]) in Beziehungen zu stehen sei die Bedeutung des Seins der Dinge und diese Beziehungen seien nichts anderes als die unmittelbaren Wechselwirkungen, welche die Dinge unablässig austauschten. Aber demgegenüber ist zu bemerken, dass Lotze, wie sich im weiteren Verlaufe der Untersuchung zeigen wird, ganz auf dem dualistischen Standpunkte steht, dass ihm Seiendes und Scheinendes nicht Gegensätze innerhalb des Gegebenen sind, sondern dass ihm das Letztere mit Schein zusammenfällt, und dass daher jenes in Beziehung Stehen sich nicht mit Causalverknüpfung decken kann, die ja nur statthat in der uns gegebenen Welt.

---

1) vgl. Kant. Träume eines Geistersehers (Kirchmann) p. 58. Anm.
2) Met. Vom Sein der Dinge p. 27 ff. und Abschluss p. 160 ff.

Daraus, dass Lotze mit seiner Auffassung des uns Gegebenen als einer Scheinwelt, in diesem principalsten aller Principien, sich auf demselben Irrwege befindet wie Herbart, daraus erklärt es sich auch, dass er bei der Polemik gegen die Herbartische Definition des „Seins" immer daneben traf und nicht die Wurzel aller Missverständnisse in der unbegründeten Gegenüberstellung von „Schein"-Welt und „Seins"-Welt fand.

Nachdem Herbart den abstrakten Begriff des Seins erörtert und die Bedeutung desselben nach seiner Meinung festgestellt und genügend erläutert hat, erhebt sich die Frage nach dem, was ist. Denn nicht wird Herbart durch den Dualismus dahin geführt, rücksichtlich seines „Seienden" alle Erkenntniss zu verneinen, was er folgerichtig thun musste[1]), sondern er glaubt auf dem Wege begriffsmässigen Denkens das Seiende erfassen und bestimmen zu können. Obwohl nemlich die „Dinge an sich" nur vermöge einer Reihe von Schlüssen aus dem Gegebenen (welches bekanntlich nur Schein ist) behauptet werden[2]), und demnach diese Schlüsse nur Produkte des Denkens, mithin jene „Dinge an sich" nur Gedankendinge sind, glaubt Herbart doch durch und in jenen Schlüssen Erkenntniss des Seienden zu gewinnen. Denn „die Gültigkeit und reale Bedeutung dessen, was wir in einem notwendigen Denken über das Seiende festsetzen, kann gar nicht bezweifelt werden, weil der Zweifel nichts anderes ist als ein Versuch, sich dem notwendigen Denken zu entziehen. Wir sind in unsern Begriffen völlig eingeschlossen; und gerade weil wir es sind, entscheiden Begriffe über die reale Natur der Dinge."

Wenn die Begriffe eine solche Bedeutung für Herbart und für jeden denkenden Menschen haben, wenn wir über

---

1) vgl. Rehmke p. 79.
2) Einl. § 136.

dieselben nicht hinauskönnen, so fragen wir, was sind die Begriffe, woher haben wir und woher hat Herbart dieselben? Auf diese Weise werden wir die von Herbart ihnen beigelegte Wichtigkeit und Befugniss bestätigen können oder sie ihnen absprechen müssen.

Ich brauche nun nicht auf neuere Auseinandersetzungen [1]) zu verweisen, um die etwaige Ansicht abzuwehren, dass Begriffe eingeboren oder auf irgend eine andere Art unabhängig vom Wahrnehmen und Vorstellen in uns entstehen und von uns gehabt werden könnten. Herbart selbst erkennt den Ursprung der Begriffe in dem Wahrnehmungsgegebenen an, da sie ihm „Vorstellungen" oder „reproducirte Vorstellungen" sind: „Unsere sämtlichen Vorstellungen sind Begriffe in Hinsicht dessen, was durch sie vorgestellt wird. Demnach existieren die Begriffe als solche nur in unserer Abstraktion; sie sind in Wirklichkeit eben so wenig eine besondere Art von Vorstellungen als der Verstand ein besonderes Vermögen ist" [2]). „Das Wort Begriff, indem es das Begriffene bezeichnet, gebietet zu abstrahieren von der Art und Weise, wie wir den Gedanken empfangen, producieren oder reproducieren mögen" [3]). Die ursprüngliche Produktion der Gedanken (hier offenbar = Vorstellungen) aber geschieht bekanntlich nach Herbart durch die Selbsterhaltung der Seele gegen erfahrene Störungen in der Form von Vorstellungen. „Die Selbsterhaltungen der Seele sind Vorstellungen und zwar einfache Vorstellungen" [4]). Diese einfachen Vorstellungen sind, wie sich aus der unten zu besprechenden Psychologie ergiebt, Sinneswahrnehmungen und zwar einfache nur qualitativ be-

---

1) Rehmke. Der Begriff a. a. O. p. 107. Schuppe. Erkenntnisstheoretische Logik §34.: Urteil, Begriff und Schluss; § 46. das Gegebene und die Denkarbeit.
2) Lehrb. § 179.
3) Einl. § 34.
4) Lehrb. § 155.

stimmte. — Was die allgemeinen Begriffe anbetrifft, so sind diese der langsam allmähliche Erfolg des fortgehenden Denkens und Urteilens [1]), also ebenfalls auf Wahrnehmen und Vorstellen basiert.

Dieser von Herbart selbst eingestandenen Thatsache gemäss werden wir sehen, dass auch die von Herbart zwecks Erkenntniss und Bestimmung des „Seienden" verwerteten Begriffe die Kennzeichen ihres Ursprungs aus der von uns wahrgenommenen und vorgestellten „Schein"-Welt in sich tragen, und dass also, da aus einem Begriffe nur das abgeleitet werden kann, was in ihm begriffen und gedacht ist, die vermeintliche „Seins"-Welt eine mehr oder minder richtige oder vielmehr falsche Construktion aus Merkmalen ist, die der „Schein"-Welt entnommen sind; ein Phantasiegebilde oder mit Kant zu reden ein Hirngespinnst.

Dasjenige nun was ist, das Seiende das dem Scheinenden zu Grunde liegt, ist uns unbekannt. „Denn wir sagen zwar, dass es ist, aber wir bekennen, nicht zu wissen, was es ist. Das Unbekannte ist die Qualität" [2]). — Aus welchem Grunde und mit welchem Rechte wird hier die Qualität als das, von dem das Sein ausgesagt wird, behauptet? Den Grund sehen wir im folgenden Paragraphen [3]): „Die Empfindung ist noch immer nötig, um dasjenige, was für real gehalten wird, vom blos Gedachten, dem Gedankendinge zu unterscheiden". Aber, so müssen wir einwerfen, diese Unterscheidung zwischen blos Gedachtem, dem Gedankendinge und dem, was für real gehalten wird, auf Grund der Empfindung (empfundener, besser wahrgenommener Sinnesqualität) hat doch nur statt in der sogenannten „Schein"-Welt. Wir sehen also wohl den Grund ein, der Herbart zu seiner oben ange-

---

1) Lehrb. § 189.
2) Met. § 200.
3) § 201. p. 74.

führten Behauptung bestimmt hat, nemlich die Unmöglichkeit, das Seiende und das Nicht-Seiende anders als durch die Merkmale zu unterscheiden, welche das uns Gegebene aufweisst; dagegen ist eine Berechtigung zur Verwertung dieser Merkmale für die „Seins"-Welt, die ja der uns gegebenen ganz „inkommensurabel" ist, gar nicht vorhanden. Ueberdies ist auch innerhalb des uns Gegebenen die Bestimmung des Realen im Unterschiede vom blos Gedachten nur durch die Empfindung nicht ausreichend. Das Reale muss ausser der qualitativen auch räumliche und zeitliche Bestimmtheit zeigen und ausserdem als im allgemeinen Causalzusammenhange stehend sich erweisen. Von diesen Bestimmtheiten des Seienden im Gegebenen verwendet Herbart zur Bestimmung seines Seienden zunächst nur die Qualität, doch findet sich, wie wir sehen werden, auch von den übrigen ein Gegenstück in der „Seins"-Welt desselben: der intelligible Raum, die Unveränderlichkeit (Zeitlosigkeit) und die Störung und die Selbsterhaltung (Causalverknüpfung).

Auch beim zweiten Schritte also, bei der Bestimmung dessen was ist, wie vorher schon bei der Erläuterung des Begriffs „sein", fällt Herbart zurück in die „nichtseiende" Welt, und es ist bezeichnend für die Bemühungen des Dualismus, dass Lotze gerade dieses Zurückgreifen auf die uns gegebene Welt, um die uns nicht gegebene zu bestimmen, als eine verdienstliche That Herbarts preist [1]). Da die sinnliche Empfindung die einzige Quelle sei, welche uns nicht nur die Wirklichkeit eines Seins verbürge, sondern auch durch die Mannigfaltigkeit ihrer unterscheidbaren gleichartigen und ungleichartigen Erscheinungen überhaupt der Vorstellung eines Was, das von einem andern Was sich unterscheide, ihren Ursprung und Klarheit gebe, so sei der Versuch unvermeidlich, das gesuchte Was der Dinge soweit diesem

---

1) Met. p. 47.

sinnlichen Inhalt analog zu denken, als die gleichzeitige Aufgabe zulasse, alles zu vermeiden, wodurch die sinnliche Empfindung zum Ausdruck dieses Wesens unzureichend gewesen wäre. Diesen Versuch habe mit Entschiedenheit zuerst die Ontologie Herbarts gemacht. — Allerdings muss Lotze nach seitenlangen Erörterungen, die er dieser These Herbarts von der Qualität des „Seienden" widmet, zugestehen, dass damit nichts gewonnen sei, dass Herbart uns mit dieser „Qualität" gewissermassen betrüge, indem wir damit etwas zu haben glaubten, was wir doch in Wirklichkeit nicht hätten. Denn Qualität, in dem von Herbart gebrauchten Sinne, heisse nur Bestimmtheit überhaupt. Es sei damit keine besondere Bestimmung gegeben, sondern jeder habe die Freiheit, sich darunter alles Mögliche und Unmögliche vorzustellen. Trotz dieser richtigen Ausstellungen wird leider Lotze durch seinen falschen Begriff des Seins verhindert, das Richtige, das in diesem misslungenen Versuch liegt, und welches sich gerade in dem Misslingen desselben kundthut, herauszufinden und sich von den vergeblichen Bemühungen abzuwenden. Denn wer einmal erkannt hat, dass wegen der qualitativen Bestimmtheit des gegebenen Wirklichen dasjenige, was für seiend, für wirklich gehalten werden soll, qualitative Bestimmtheit aufweisen muss, der musste ohne jene falsche Voraussetzung eines Seienden, das etwas ganz anderes wäre als das uns Gegebene, notwendig dahin kommen, die Qualitäten oder vielmehr die Bestimmtheiten überhaupt aufzusuchen, die das als seiend Gegebene hat, und danach an Jegliches, welches mit dem Anspruch als seiend zu gelten auftritt, jene gefundenen Bestimmungen des Seienden als Massstab anzulegen.

Nachdem Herbart das Seiende seinem Inhalt nach bestimmt hat, sucht er die formalen Bestimmtheiten desselben mit Hülfe jener Erläuterung des Begriffs „sein" zu gewinnen. „Wenn wir die absolute Position festhalten wollen", sagt er,

„müssen wir uns vor ihren Gegenteilen, den Negationen und Relationen hüten"[1]). Denn beide würden die absolute Setzung aufheben. Das Seiende ist also erstens positiv; zweitens relationslos, sich selbst genügend. Hieraus ergebe sich notwendig, dass es auch einfach sei. „Denn gesetzt die Qualität sei mehrfach', so enthält sie zum wenigsten zwei Bestimmungen, A und B, und es liegt in der Voraussetzung, gegen die wir streiten, dass diese zwei sich schlechterdings nicht auf Eine — welche sonst die wahre Qualität sein würde — zurückführen lassen. So ist demnach A ungenügend ohne B; und B ungenügend ohne A. Hier liegt der doppelte Fehler der Negation und der Relation am Tage"[2]).

Aus der Einfachheit des Seienden folgert Herbart unmittelbar, „dass dem Seienden weder räumliche noch zeitliche Bestimmungen zukommen können"[3]). Durch die letztere Bestimmtheit ist es zugleich als unveränderlich bezeichnet, was er an einer anderen Stelle noch ausdrücklich hervorhebt. „Für das Seiende giebt es gar keinen Wechsel und das wirkliche Geschehen ist demnach für das wahre Reale so gut als völlig nicht geschehen". Das wirkliche Geschehen aber ist Uebersetzung des Was der Wesen in eine andere und andere Sprache, in andre gleichbedeutende Ausdrücke[4]). Das wirkliche Geschehen nemlich besteht in der Veränderung der „Schein"-Welt, welche in ihren verschiedenen Zuständen verschiedene Uebersetzung des unveränderlichen Seienden sein soll.

Hier ist nun der Prüfstein, an dem die von Herbart getroffene Bestimmung des Seienden die Probe ihrer Richtigkeit zu bestehen hat, ob nemlich aus dem Seienden, sowie es Herbart bestimmt hat, sich das Gegebene mit der Veränderung seiner Bestimmtheiten widerspruchslos ableiten lässt.

---

1) Met. § 205 f.
2) Met. § 207.
3) Einl. § 137.
4) Einl. § 153.

Man sieht die Schwierigkeit, in die Herbart angesichts dieser Aufgabe gerät. Sein methodologischer Grundsatz heisst: Wie viel Schein, soviel Hindeutung auf das Sein. Nun sind in der Scheinwelt Veränderungen gegeben, es „scheinen" also Veränderungen. Demnach müssten obigem Grundsatz zufolge auch für das Seiende Veränderungen erschlossen werden. Aber das Seiende ist ja von Herbart als unveränderlich bestimmt worden. Somit scheinen wir hier vor einem unlösbaren Knoten zu stehen; und derselbe ist wirklich und bleibt auch unlösbar, wenn die beiden Begriffe, aus denen er geschlungen ist, das „Sein" und „Scheinen" in der Bedeutung, in welcher sie von Herbart und allen Dualisten gefasst werden, im Gegensatz zu einander erhalten bleiben sollen.

Herbart sucht das Problem durch seine Theorie von den Störungen und Selbsterhaltungen der Seienden oder Realen zu lösen: „In dem Zusammen der realen Wesen muss etwas geschehen, wodurch, wenn nicht unmittelbar, so doch mittelbar, diejenige Mannigfaltigkeit entsteht, welche sich unsern Augen als ein Vieles der Eigenschaften eines Dinges darstellt"[1]). „Die Probleme von der Veränderung und den mehreren Eigenschaften werden aufgelöst durch die Theorie von den Störungen und Selbsterhaltungen der Wesen. Nemlich von dem an sich unerkennbaren einfachen Was der Wesen lässt sich so viel bestimmen, dass dasselbe nicht blos bei verschiedenen verschieden sei, sondern dass es auch conträre Gegenstände bilde. Diese Gegensätze sind nun an sich nicht reale Prädikate der Wesen; daher muss noch eine formale Bedingung, das Zusammen mehrerer Wesen hinzukommen, damit die Gegensätze einen realen Erfolg haben können. Der Erfolg ist Leiden und Thätigkeit zugleich, ohne Uebergang irgend einer Kraft aus dem Einen in das Andere. Die

---

1) Met. § 224.

Wesen erhalten sich selbst, jedes in seinem eigenen Innern, und nach seiner eigenen Qualität, gegen die Störung, welche erfolgen würde, wenn das Entgegengesetzte der mehreren sich aufheben könnte. Die Störung gleicht also einem Drucke, die Selbsterhaltung einem Widerstande" [1].

Es verhält sich aber mit diesen Störungen und Selbsterhaltungen folgendermassen. Die einfachen nicht blos von einander verschiedenen, sondern auch entgegengesetzten Wesen A und B, deren einfache Qualitäten, zusammengefasst, eine blose Summe ergeben, aus der nichts weiteres wird, lassen sich vermöge der zufälligen Ansichten als solche betrachten, die in einander greifen. Wenn auf diese Weise $A = \alpha + \beta + \gamma$ und $B = m + n - \gamma$ zusammengefasst würden, so ergebe sich $\alpha + \beta + m + n$, da das Entgegengesetzte sich aufhebe. Dies geschehe aber nur im denkenden Zusammenfassen der aufgelösten Begriffe. In Wirklichkeit könnten die Gegensätze sich nicht aufheben, da sie nicht für sich bestehende Teile der Wesen seien, sondern in den einfachen Wesen, unlösbar von denselben, enthalten. Es könne also nur entweder gar nichts geschehen oder es müssten sich die beiden Wesen gegenseitig ganz aufheben. Das Erstere ist unmöglich in dem Zusammen entgegengesetzter Wesen. Das Letztere sei ebenfalls unmöglich; denn sollte es möglich sein, so müsste entweder von den beiden Wesen eins positiv und das andere die Negation dieser Position, folglich das Letztere kein Wesen sein; oder aber es müssten beide nur gegenseitige Verneinungen sein, also keins ursprünglich positiv, was von realen Wesen zu behaupten ungereimt sein würde [2]. Der Erfolg ist also: die in wirksamen Gegensatz getretenen Wesen heben sich weder ganz noch zum Teil auf. Sie bleiben trotz des wirksam gewordenen Gegensatzes be-

---

1) Einl. § 152.
2) Met. § 234.

bestehen. „A erhält sich als A und B erhält sich als B". Die Wirkung des Gegensatzes nennt Herbart „Störung", das Bestehen trotz der Wirkung „Selbsterhaltung". Dies ist das „wirkliche Geschehen, das für das Reale so gut als völlig nicht geschehen" ist[1]).

Veranlasst wird die Störung und Selbsterhaltung der Realen durch ihr Zusammen. Darunter versteht Herbart die Causalverknüpfung der Seienden im intelligiblen Raum[2]), entsprechend der Causalverknüpfung der „scheinenden" Dinge im scheinenden Raum: „A und B sind zusammen, heisst: sie sind im Causalverhältniss"[3]).

Ursprünglich sind die Wesen nach Herbarts Annahme, wie oben gezeigt, beziehungslos. Auch dass sie überhaupt in ein Zusammen geraten, liegt nicht in ihnen begründet, sondern ist „zufällig". „Die Wesen, wie sie sind, können so gut zusammen als nicht zusammen sein". „Es folgt aus dem blosen Was der Wesen noch nicht, dass sie für einander sein werden. Es folgt auch ebensowenig das Gegenteil". „Es giebt kein Schicksal. Sollte es ein solches geben, so müsste man es in dem zufälligen Umstande suchen, dass die Wesen zusammen sind"[5]).

Die verschiedenen Störungen und Selbsterhaltungen nun, die dadurch zu Stande kommen, dass die Realen untereinander in wechselnde Zusammen treten, sind das was der „Schein"-Welt zu Grunde liegt; und zwar baut unsere Scheinwelt sich auf den verschiedenen Selbsterhaltungen unserer Seele auf. Während uns nemlich unbekannt bleibt, worin die Selbsterhaltungen der anderen Realen bestehen, kennen wir die Selbsterhaltungen desjenigen Realen, das wir Seele

---

1) Einl. § 152.
2) Met. § 244.
3) Met. § 246.
4) Hauptpunkte § 5.
5) Met. § 237.

nennen. Es sind dies unsere Sinneswahrnehmungen, nach Herbartischer Bezeichnung „Vorstellungen" oder „Empfindungen". Trotzdem nun aber die Selbsterhaltungen der übrigen Realen uns unbekannt bleiben, soll uns doch die Eigentümlichkeit derselben d. i. ihre Unterschiedenheit gegen einander bemerkbar werden. Denn obwohl für das Gebiet des Seienden kein Unterschied in den Selbsterhaltungen der Realen ist, zeigt sich ein Unterschied der Selbsterhaltungen eines Realen A gegen B und gegen C für das Gebiet des Geschehens und dieser Unterschied wird für die Seele, die als Reales selbst in die verschiedenen Relationen verwickelt wird, bemerkbar. „Gesetzt, ein Beobachter stehe auf einem solchen Standpunkte, dass er die einfache Qualität nicht erkennt, wohl aber in die verschiedenen Relationen des A gegen B C D u. s. w selbst verwickelt wird, so bleibt ihm nur das Eigentümliche der einzelnen Selbsterhaltungen, nicht die beständige Gleichheit ihres Ursprungs und ihres Resultates bemerkbar. Dies ist der Standpunkt des Menschen, dessen verschiedene Empfindungen nichts anderes sind, als die verschiedenen Selbsterhaltungen der Seele, die sich selbst nicht sieht und nichts davon weiss, dass sie in allen ihren Empfindungen sich selbst gleich ist; und vollends nichts davon, dass ihre Zustände abhängen vom Geschehen in zusammentreffenden Wesen ausser ihr, deren eigene Selbsterhaltungen ihr auf keine Weise bekannt werden können"[1]).

So meint Herbart alles wohl bestellt und erklärt zu haben. Aber schon die zuletzt ausgeschriebenen Sätze, welche die Ueberleitung zur empirischen Psychologie bilden, zeigen durch die Verbindung der widersprechendsten Aussagen von Ein und demselben, dass die beabsichtigte Welterklärung schwerlich gelungen sein dürfte. Denn, wie kann die Seele das Eigentümliche der einzelnen Selbsterhaltungen eines

---

[1] Met. § 236.

Wesens gegen verschiedene andere bemerken, wenn ihm die Selbsterhaltungen der andern Realen auf keine Weise bekannt werden können? Die eigenen Selbsterhaltungen, die Vorstellungen, sind doch die Selbsterhaltungen der Seele gegen die Störungen durch die Realen, nicht durch die Selbsterhaltungen derselben. Dass Herbart die Erklärung des Gegebenen wirklich nicht gelungen ist, werden wir in Folgendem an der Hand Lotzes sehen.

Dieser bestreitet nemlich die Richtigkeit der Bestimmung des „Seienden", wie sie Herbart gegeben hat, und seiner Ableitung des Weltgeschehens aus dem so bestimmten Seienden, und errichtet selbst auf dem Fundament der Herbartischen Annahme vieler Realen ein neues System der Welterklärung.

Herbart bestimmte bekanntlich das Seiende als positiv, einfach, beziehungslos und unveränderlich.

Keine Einwendungen macht Lotze gegen die Bestimmung des Seienden als eines „positiven", und es lassen sich dagegen auch wohl kaum welche erheben. Denn obgleich die antike Atomistik auch das Nichts für „seiend" erklärte [1]), so war ihr doch im Grunde diese Negation ein positiv Seiendes, negiert nur in seinem Gegensatz zum Vollen. — Widerspruch dagegen erhebt Lotze gegen die drei andern Bestimmungen.

Mit Unrecht, sagt er [2]), habe die Speculation, Einheit des Wesens im Wechsel suchend, diese Einheit in einer Einfachheit zu finden geglaubt, die ihrer Natur nach unfähig sei, „Einheit" zu sein oder das Beharrliche im Wesen eines Veränderlichen auszumachen. Denn das Einfache, wenn es sich ändere, ändere sich völlig und es bleibe bei dem Uebergange von a zu b nichts übrig, worauf das Wesen sich als auf den gleichbleibenden Kern im Wechsel zurückziehen könne.

Diese Widerlegung der Einfachheit des Realen gründet

---

1) μὴ μᾶλλον τὸ ὂν ἢ τὸ μηδὲν εἶναι Plut. adv. Kolotem.
2) Met. p. 52.

sich, wie man sieht, auf die Voraussetzung, dass das Reale, nicht wie Herbart behauptet, unveränderlich, sondern veränderlich sei, und steht und fällt daher mit Lotzes Widerlegung der Unveränderlichkeit des Realen, die wir an letzter Stelle geben. Aber unabhängig von dieser lässt sich Herbarts indirekter Beweis für die Einfachheit des Scienden (s. oben S. 16) als falsch erweisen. Denn wenn das Sciende vielfach ist oder richtiger: vielfach bestimmt ist, so kann den einzelnen Bestimmtheiten nicht dasselbe Sein zugesprochen werden wie demjenigen, dessen Bestimmtheiten sie sind. Wenn wir z. B. ein Seiendes A mit den Bstimmtheiten α β γ δ haben, so können wir freilich mit eben soviel Recht sagen α ist und β ist u. s. w., als A ist; aber A ist heisst: A ist ein Ding, dagegen α ist: α ist Bestimmtheit eines Dinges. Auch ist „hinter diesem Vielen nicht das Eine zu suchen", dem das Sein zugeschrieben werde, sondern das Viele in seinem Zusammen oder vielmehr das Zusammen des Vielen bildet die Einheit, die wir durch Ein Hauptwort bezeichnen, die aber nicht identisch ist mit Einfachheit der Bestimmtheit (Qualität). Es ist daher die „Absurdität" des Gegenteils der Herbartischen Behauptung nicht bewiesen.

Die von Herbart behauptete Beziehungslosigkeit widerlegt Lotze in der Weise, dass er zeigt, wie Herbarts eigene Erklärung des Weltgeschehens dabei unmöglich sei. Da nemlich Herbart die Veränderungen des Scheinenden durch die Theorie der Störungen und Selbsterhaltungen der Realen erklärt, die verschiedenen Störungen und Selbsterhaltungen aber aus den verschiedenen Zusammen d. h. Beziehungen der Realen unter einander resultieren, so entsteht die Frage, wie diese Beziehungen zu Stande gekommen sind. „Wie kann das beziehungslos Seiende in Beziehungen treten?" Niemals könne, sagt Lotze[1]), etwas in Beziehungen treten,

---

1) Met. p. 42.

das vorher in keinen gestanden. Denn nicht in Beziehungen überhaupt könne ein Reales a treten, sondern in jedem Augenblick nur in die Beziehung m gegen ein bestimmtes Element b, und es müsse ein Grund für die Verwirklichung des m und die Nichtverwirklichung jeder andern Beziehung vorhanden sein [1]). Da aber a gleichgültig gegen jede Beziehung sei, also in a nicht der Grund liegen könne, so müsse er in einer früheren Beziehung l gesucht werden. Also könne von dem Seienden nicht Beziehungslosigkeit behauptet werden.

Diese Lotzesche Widerlegung ist unangreifbar, wenn die Verwirklichung der Zusammen im Einzelnen überhaupt „begründet" ist. Nun scheint aber Herbart jede Begründung des Zustandekommens eines bestimmten Zusammen mit Ausschluss aller andern ausdrücklich abgewiesen zu haben. Denn das Zusammen der Realen ist ja nach ihm ein „zufälliges". Jedenfalls will er es nicht begründet wissen durch die Natur des Realen oder durch frühere Beziehungen desselben, welche Art Begründung wir in der „Schein"-Welt vorfinden. Von diesem Standpunkt aus betrachtet ist jegliches Zusammen der Realen ein zufälliges. Aber ganz unbegründet ist es trotzdem nicht. Vielmehr lassen sich mehrere Stellen dafür anführen, dass Herbart diese Lücke, welche seine Metaphysik in der Welterklärung bestehen liess, in der Religionsphilosophie ausfüllte:

„Der strenge Realismus, welcher und soweit er hier dargestellt wurde, lässt für vorstellende Wesen keine besseren Erscheinungen erwarten, als welche das bunteste Gemisch von Störungen aller Art, die den mannigfaltigsten ursprünglichen und abgeleiteten Geschwindigkeiten gemäss auf solche (sc. vorstellende) Wesen zusammen treffen möchten, in ihnen

---

1) Zu berichtigen ist hier, dass nach Herbart ein Reales zu mehreren andern zugleich in Beziehung treten kann, da ja die Seele mehrere Wahrnehmungen zugleich hat, die Wahrnehmungen aber Selbsterhaltungen des Seelen-Realen sind.

würde hervorbringen können. Höchstens Zeichen von Gleichförmigkeit ähnlicher Erfolge unter ähnlichen Umständen. Und wenn schon Spuren von Leben und von der Fähigkeit, organisirt zu werden, doch nichts von künstlich zusammengesetztem Bau, vor allen Dingen nichts Festes im allgemeinen Raum: da jedes eigentlich seinen eigenen Raum haben würde.

„Was daraus, dass es anders aussieht im Reiche der Organisation und am Himmelsgewölbe, zunächst zu schliessen ist, das hat der gemeine Verstand schon längst geschlossen, und die edelsten Gemüter haben es in sich befestigt" [1]).

„Die Naturbetrachtung drängt dazu, Zweckmässigkeit der Naturgegenstände anzuerkennen" ... „Der Begriff der Zweckmässigkeit nun (gerade so verstanden, wie wir ihn bei jedem Kunstwerke und bei jeder vernünftigen Rede gebrauchen [2])) setzt Wahl voraus, also einen Wählenden, einen Künstler. Wenn der Künstler die Wesen zusammenfügt und trennt, folglich sie zu bestimmten Selbsterhaltungen bringt, andere aber abhält, so ist er dadurch Schöpfer der Substanz, und im Grossen Schöpfer der Natur [3]).

So schliesst Herbart die Lücke, welche in seiner Metaphysik klafft, durch eine kosmologisch-teleologische Theologie. Wenn daher Windelband behauptet [4]), der Gottesbegriff spiele in Herbarts theoretischer Philosophie keine Rolle und erscheine bei ihm nur als Objekt eines ethischen Bedürfnisses, so trifft nach Vorstehendem diese Bemerkung nicht die Wahrheit und ist dahin zu berichtigen, dass Herbart Abstand genommen hat, diesen von seiner Metaphysik notwendig geforderten Begriff in derselben zu behandeln. Hinsichtlich dieses Begriffs

---

1) Hptpkte. § 14.
2) In dieser Auffassung der Naturgegenstände liegt eine petitio principii vor. Es ist daher der darauf gebaute Schluss wie jeder teleologische Beweis für das Dasein Gottes ein Trugschluss.
3) Aphorismen zur Religionsphilosophie. kl. S. III. p. 170 f.
4) Geschichte der neueren Philos. II. 375.

nemlich sah er ein, was ihm bei seinen sonstigen Bemühungen, das „Seiende" zu erkennen und zu bestimmen, entging, dass alle Versuche, dasjenige, was uns nicht gegeben ist und nicht gegeben werden kann, das unserem Bewusst-Seienden entgegengestellte Ansichseiende, zu bestimmen, doch immer wieder ihre Zuflucht nehmen müssen zu dieser „Schein"-Welt, und dass alle Prädikate des „Seienden" aus der uns gegebenen Welt hergenommen sind. Denn alle Wesensbestimmungen Gottes, bemerkte er[2]), liefen auf Anthropomorphismus hinaus und seien deshalb falsch. „Das Anstössige der Künstelei, solchen Theorien, die nur für Gegenstände unserer menschlichen Nachforschung erfunden waren, eine Ausdehnung zu geben, bei der sie auch im Unendlichen noch passen sollen, ist ebenso unerträglich widerlich, als andererseits klar ist, dass dennoch alle Systeme, worin Glauben und Wissen vermengt wird, auf ähnliche Abwege geraten müssen. Ein Geist ist für uns allemal ein Analogon des menschlichen Geistes; ein Wesen, von dem Naturwirkungen ausgehen, begaben wir unvermeidlich mit einem Causalverhältniss, worin die Begriffe von Grund und Folge, da sie nicht blos eine logische, sondern auch eine reale Bedeutung annehmen sollen, sich den Wirkungen anpassen, die wir vor Augen sehen".

Wenn wir nun diesen Gottesbegriff Herbarts zur Ergänzung seiner Metaphysik heranziehen, so ist die Beziehungslosigkeit seiner Realen durch Lotze nicht widerlegt. Doch ist sie zu widerlegen einmal durch den Hinweis, dass die Annahme eines „Schöpfers" seitens Herbart auf einem Trugschluss beruhe, indem er nemlich die Naturgegenstände zweckmässig nenne, eine Benennung, die voraussetze, dass ein denkendes Wesen zuerst einen Zweck der Naturgegenstände gesetzt und dann die Naturgegenstände diesem Zweck ent-

---

2) kl. Schr. III. 172.

sprechend eingerichtet habe, — dass also Herbart das zu Beweisende schon als Beweismittel verwende: worauf dann die Erörterungen Lotzes in ihr Recht treten würden; zweitens auch durch den Beweis, dass Herbarts Deduction der Beziehungslosigkeit der Realen falsch ist. Herbart meint nemlich, dass die Relation eines Gegenstandes das „Sein" dessen aufhebe. Dies ist nur dann richtig, wenn schon vorher als seiend nur das anerkannt wird, was aller Beziehungen entbehrt. Nun ergiebt aber die denkende, unterscheidende und vergleichende, Betrachtung des uns Gegebenen, dass gerade die Beziehungen eines Dinges d. i. seine Verknüpfung in den Causalzusammenhang der Welt es uns als seiend charakterisieren im Gegensatz zu den scheinenden Dingen, den Träumen, Täuschungen und dem blos Gedachten, dem diese Causalverknüpfung mangelt. Daher ist Herbarts Schluss aus dem Begriff des „Sein" auf Beziehungslosigkeit falsch, vielmehr steht das Seiende in Beziehungen.

Wie Herbart schon den ersten Anfang des Geschehens, das Zusammen der Realen infolge seiner eigentümlichen unrichtigen Bestimmung derselben unerklärt lassen musste, so scheitert er auch — und dieser Misserfolg beweist, dass er mit Unrecht das „Seiende" als unveränderlich bestimmt hat — an den Begriffen der Störung und Selbsterhaltung, die eine Folge jenes Zusammen sein und den Grund für die Veränderung des uns Gegebenen bilden sollen.

Die Realen sollen ja bekanntlich in dem Zusammen d. i. in dem Causalverhältniss, in das sie gelangt sind, sich trotz des gegenseitigen wirksam gewesenen Gegensatzes erhalten, völlig das bleiben, was sie vor dem Zusammenhang waren. Dieses Sicherhalten aber soll verschieden sein gegen verschiedene Reale, und diese Verschiedenheit der Selbsterhaltungen ist es, welche die Mannigfaltigkeit und die Veränderungen in dem uns Gegebenen begründet. Nun könnte man wohl, sagt Lotze¹), die innere Veränderlichkeit der Realen aus der Aussenwelt entfernen, so dass mit der Störung und Selbsterhaltung wirklich, wie Herbart will, gar nichts geschähe, und die Veränderung der Aussenwelt auf Verschiedenheiten der gegenseitigen Beziehungen der Elemente derselben zurückführen, aber dies sei nicht mehr möglich bei demjenigen Realen, dessen Selbsterhaltungen die verschiedenen Sinneswahrnehmungen, Empfindungen, oder wie Herbart mit allgemeinerer Beziehung sagt, Vorstellungen sind.

Diese Selbsterhaltungen der Seele nemlich, bald Lichtempfindungen, bald das Hören eines Tones, jetzt Wahrnehmung eines Geschmacks und dann der Wärme, seien offenbar nicht mehr einfache Fortdauer des unzerstörbaren Wesens der Seele. In ihrer Art und Form sich richtend nach Art und Form der drohenden Störung seien sie Leistungen und Thätigkeiten oder Rückwirkungen der Seele, die nicht einem unveränderlichen, sondern nur einem veränderlichen Wesen möglich seien. Denn nicht eine blos drohende, sondern nur eine wirksam gewesene Störung könne den Grund der bestimmten Rückwirkungen enthalten, die in jedem Augenblick mit Ausschluss vieler der Seele gleich möglicher erfolge. Um der Störung a durch die Selbsterhaltung α und der Störung b durch die Selbsterhaltung β zu begegnen, müsse die Seele verschieden durch dieselben gestört sein, sie müsse in beiden Fällen verschieden gelitten haben und dieses verschiedene Leiden sei nicht denkbar ohne eine verschiedenartige Veränderung des Leidenden und könne nicht ersetzt werden durch blose Veränderung der Relationen der an sich unveränderten Seele zu anderen Realen. Denn dann sei immer wieder ein Beobachter vorausgesetzt, für den diese Veränderung der Relation den Schein der Veränderung der Seele selbst liefere. Die Schwierigkeit erneuere sich also bei diesem Beobachter

---

1) Met. p. 58 ff.

(natürlich einen Realen), welcher die Veränderlichkeit (Afficierbarkeit) selbst besitzen müsse, um Veränderungen des Vorstellens zu erleiden.

Gegen diese Erörterung Lotzes lässt sich wohl nichts einwenden, und wie sich vorher die Beziehungslosigkeit als eine falsche Bestimmung des „Seienden" erwies, weil das Zusammen beziehungsloser Realen nicht zu begreifen war, so nun auch die Unveränderlichkeit, weil jedenfalls dasjenige Seiende, das wir Seele nennen, sich veränderlich zeigt.

Wir sind nunmehr, was Lotzes Kritik der Herbartischen Metaphysik betrifft, zum Abschluss gelangt. Wir fanden, dass beide Philosophen Vertreter des Dualismus seien, welcher der uns gegebenen Welt als einer „Schein"-Welt eine uns nicht gegebene als „Seins"-Welt gegenüberstellt. Deshalb mussten wir die Lotzesche Kritik des Herbartischen Seinsbegriffes als eine unzulängliche bezeichnen und auf die Auseinandersetzungen von Rehmke und Schuppe zurückgehen, um das „Seiende" als identisch mit dem Bewusst-Seienden nachzuweisen. Während sodann Herbart das „Seiende" als ein einfaches, beziehungsloses und unveränderliches bestimmte, mussten wir Lotze beistimmend behaupten, dass eine Ableitung der Mannigfaltigkeit und der Veränderung des Gegebenen aus einem so bestimmten Seienden nicht möglich sei, und dass daher das Seiende weder einfach noch beziehungslos noch unveränderlich sein könne.

Wie bestimmt denn nun aber Lotze das Seiende und wie besteht Lotzes Metaphysik vor der Kritik.

Es könnte scheinen, als genüge der Hinweis darauf, dass Lotzes Metaphysik ebenso wie die Herbartische von falschen Voraussetzungen ausgehe, um sein ganzes System kurzer Hand abzuweisen. Doch das Ansehen, welches der Name Lotzes seit langem mit Recht in der philosophischen Welt geniesst, hat auch seinen metaphysischen Ansichten und insbesondere seinem „Idealismus" so viel Anhänger gewonnen[1]), dass eine eingehende Prüfung dieser Ansichten und ihrer Begründung wohl am Platze ist, zumal Lotzes Ansicht über die Entstehung und Unsterblichkeit der Seele sich hauptsächlich auf seine Metaphysik gründet.

Lotze acceptiert zunächst den Herbartischen Begriff der vielen Realen oder Seienden, gestaltet ihn aber wesentlich um und giebt ihn schliesslich ganz auf, um seinen monistischen Idealismus an dessen Stelle zu setzen.

Soll nemlich, so etwa ist der Gang seiner Erörterung, die Veränderung des uns Gegebenen, der „Schein"-Welt, nach der Formel: „so viel Schein, so viel Hindeutung auf das Sein" in dem „Seienden" begründet sein, so muss notwendigerweise auch die „Seins"-Welt Veränderungen aufweisen, müssen auch die „Seienden" sich verändern! Da ferner in der „Schein"-Welt die Veränderung durch Gesetze beherrscht wird, so muss auch die Veränderung der „Seienden" bestimmten Gesetzen unterworfen sein:[2] „Weder finden wir in der Erfahrung ein schrankenloses Entstehen von Allem aus Allem, noch, wenn wir es fänden, würde es seiner Natur nach ein Gegenstand wissenschaftlicher Untersuchung oder Princip einer Erklärung werden können."

Als ein Grundgesetz der Veränderungen des Gegebenen nun beobachten wir einen gewissen allgemeinen Zusammenhang zwischen den Veränderungen verschiedener Dinge[3],

---

[1] Ich führe hier nur die Schlussworte Falckenbergs in seiner „Geschichte der neueren Philosophie" an p. 471: „Das bedeutendste unter den nachhegelschen Systemen, das Lotzesche, beweist, dass der naturwissenschaftliche Geist einer Versöhnung mit idealistischen Ueberzeugungen über die höchsten Fragen nicht widerstrebt, die Achtung, die es allenthalben geniesst, dass ein starkes Verlangen in der angegebenen Richtung vorhanden ist."

[2] Met. § 40.

[3] Met. p. 95.

einen gegenseitigen Einfluss verschiedener Entwickelungen[1] aufeinander". Aus dieser Wechselwirkung zwischen den „Schein"-Dingen ergiebt sich nach der allgemeinen Regel: „soviel Schein soviel Hindeutung auf das Sein" das Bestehen einer Wechselwirkung auch der „seienden" Dinge, durch welche auf Grund der Veränderung eines A in a auch eine Veränderung des B in b erfolgt.

Diese Wechselwirkung aber kann nicht irgend wann zwischen bis dahin einander ganz gleichgültigen Dingen entstanden sein; denn es nicht einzusehen, auf welche Weise und aus welchem Grunde an Stelle der gegenseitigen Gleichgültigkeit der „Scienden" mit einem Male ihre Wechselbeziehung getreten sei, sondern sie muss immer und unablässig bestanden haben. Es würde aber die Wechselwirkung zwischen den einzelnen Scienden auf einem transeunten Wirken beruhen, und dieses transeunte Wirken wieder macht Lotze ganz besondere Schwierigkeit: er findet es unbegreiflich. Um die Schwierigkeit zu beseitigen, setzt er an Stelle der vielen „Seienden" ein „Einziges wahrhaft Seiendes", wodurch an Stelle der Wechselwirkung und des unbegreiflichen transeunten Wirkens ein immanentes trete.

Da es unmöglich wäre, erklärt Lotze[2], anzugeben, worin der Uebergang aus Teilnamlosigkeit zu metaphysischem Zusammen bestehe, und es ein beständiger Widerspruch bliebe, dass Dinge, die einander nichts angehen, dennoch einander so angehen sollen, dass eines um das andere sich kümmern und sich in seinen eigenen Zuständen nach denen des andern richten müsse, so müsse das Vorurteil von der Existenz vieler Seienden aufgegeben werden: es könne nicht eine Vielheit von einander unabhängiger Dinge geben, sondern alle

---

1) Entwickelung soll wohl heissen: Reihe der auf einander folgenden Zustände eines Dinges, oder: ein Ding in seinen successiven verschiedenen Zuständen.
2) Met. p. 137.

Elemente, zwischen denen eine Wechselwirkung möglich sein solle, müssten als Teile eines einzigen wahrhaft Seienden betrachtet werden; der anfängliche Pluralismus unserer Weltansicht habe einem Monismus zu weichen, durch welchen das stets unbegreifliche transeunte Wirken in ein immanentes übergehe. „Denn den geheimnissvollen Zusammenhang, dass nemlich die Wirklichkeit eines Zustandes die Bedingung der Verwirklichung eines andern ist, geben wir zu, so lange derselbe innerhalb der Einheit eines und desselben Wesens nur dessen eigene Entwickelung erzeugt; undenkbar erscheint uns nur, wie das, was einem Wesen A begegnet, Grund zur Veränderung eines andern Wesens B sein könne" [1]).

Lotze sieht sich also zur Annahme eines Einzigen Seienden entgegen der Hindeutung, welche die vielfache „Schein"-Welt giebt, im letzten Grunde nur deshalb veranlasst, weil ihm das transeunte Wirken „unbegreiflich" und „undenkbar" ist und weil wir dagegen das immanente Wirken „zugeben". Denn wohlgemerkt, begreiflich ist es ihm ebenso wenig als das transeunte. „Das immanente Wirken, welches innerhalb eines und desselben Wesens Zustand aus Zustand entwickelt, betrachten wir als eine Thatsache, welche keine weitere Anstrengung des Denkens herausfordert. Dass auch dieses Wirken in der Art seines Zustandekommens uns völlig unbegreiflich bleibt, wissen wir dabei sehr wohl; denn wie ein Zustand α eines Dinges a es anfange, um in demselben a einen Folgezustand α^2 hervorzubringen, verstehen wir nicht im Mindesten besser, als wie dasselbe α' es beginne, um in einem andern Wesen b die Folge β' zu erzeugen; nur die Einheit des Wesens, in welchem jetzt dieser unbegreifliche Vorgang verläuft, lässt es uns überflüssig erscheinen, nach Bedingungen seiner Möglichkeit zu fragen. — Zustände desselben Subjekts, meinen wir, müssen notwendig auf einander Einfluss haben;

---

1) Met. p. 136.

und in der That, wenn wir diesem Grundgedanken nicht folgen wollten, bliebe uns keine Hoffnung, Mittel der Erklärung für irgend welche Ereignisse zu finden" [1]).

Wenn nun aber das immanente Wirken ebenso unbegreiflich ist als das transeunte — wie soll jenes ein besseres Princip der Erklärung werden als dieses? — Es kann als Erklärungsprincip für compliciertere Ereignisse angesehen werden, wenn wir es als ursprüngliche, nicht weiter zu erklärende Thatsache annehmen. Aber den gleichen Anspruch auf solche Geltung hat offenbar das transeunte Wirken. Warum erkennt Lotze nicht auch dieses als ursprüngliche Thatsache an, ohne „nach Bedingungen seiner Möglichkeit zu fragen"? [2]) Schärft er doch oft genug [3]) ein, die Metaphysik habe nicht die Wirklichkeit zu machen, sondern sie anzuerkennen, die innere Ordnung des Gegebenen zu erforschen, nicht das Gegebene abzuleiten von dem, was eben nicht gegeben sei.

Wir werden demnach mit Fug behaupten können, dass für Lotze kein zwingender Grund vorlag, die gegebene resp. erschlossene Vielheit der Seienden, die durch transeunte Wechselwirkung sich mit einander verknüpft zeigte, durch die Annahme eines Einzigen Seienden zu ersetzen; und dass letztere Annahme in dem Begriff des immanenten Wirkens kein besseres Erklärungsprincip hat, als die gegebene Vielheit in dem gegebenen Begriff des transeunten Wirkens.

Uebrigens leistet Lotze selbst mit der Annahme des Einzigen wahrhaft Seienden und des immanenten Wirkens als Erklärungsprincips für die Veränderungen des Gegebenen nichts weiter, als dass er die Wechselwirkung der Elemente ausdrücklich, wenn auch auf einem Umwege und unter an-

---

1) Met. p. 97.
2) ebendas.
3) vgl. Met. p. 163.

derem Namen anerkennt. Verfolgen wir seine Erklärung des Weltgeschehens [1]).

M die Einzige wahrhaft seiende Substanz.

A, B und R die einzelnen Dinge, in welche sich für unsere Beobachtung die Einheit des Seienden auseinanderlegt. Dann ist $M = ABR$. Wenn nun A aus irgend einem Grunde in a übergegangen sei, so müsse, um die Gleichung zu erhalten auch B in b und R in R' übergehen, und zwar müsse dies in demselben Augenblick geschehen, wo die Aenderung des A in a erfolgte. Denn die Aenderung des A in a sei eine Veränderung des M in seinem Zustande und daher müsste sich alles, was zu M gehöre, mit A zugleich verändern. — Aber dieses Resultat erreichen wir leichter direkt durch den gegebenen Begriff der allgemeinen Wechselwirkung in der gegebenen Vielheit der Dinge, in Folge deren jede Veränderung eines Elements oder eines Elementenkomplexes ganz bestimmte Veränderungen der übrigen Elemente und Elementenkomplexe zur Folge haben. So erklärt sich auch ganz einfach bei der gegebenen Verschiedenheit der einzelnen Elemente und Elementenkomplexe (Dinge), dass „hier und jetzt dies, dort und ein andermal jenes" geschehen muss. Lotze aber wird durch die Annahme des Einzigen wahrhaft Seienden und des immanenten Wirkens noch über diese seine Annahme hinausgetrieben — oder hat er diese Annahme nur gemacht, um mittels derselben zu einem ihm vorher feststehenden Ziele zu gelangen? — Denn damit bei der von ihm angenommenen Ordnung der „Seins"-Welt „den Gesetzen gemäss hier und jetzt dies, dort und einandermal jenes geschehe, muss die veränderliche Weltlage in jedem Augenblick sich in den Elementen abbilden, die zu gemeinschaftlicher Erzeugung wirken sollen". [2]) Da nemlich ein

---

1) Met. p. 138.
2) Met. p. 453.

Element sich nur verändert, wenn sich der Gesamtzustand des Einzigen wahrhaft Seienden (des Absoluten) verändert, und die Art der Veränderung jedes Elements abhängig ist von der Art der Veränderung des Absoluten, so muss in jedem Element immer der Gesamtzustand des Ganzen (Absoluten) „sich spiegeln", oder wie Lotze an anderen Stellen sagt: in jedem Augenblicke muss das Absolute in jedem Elemente gegenwärtig sein.

Damit spricht er nun etwas aus, wogegen offenbar die Beschaffenheit des Gegebenen streitet. Die Gesamtheit dieses uns gegebenen Seienden nemlich kann in seiner räumlichen Bestimmtheit nicht in dem räumlich bestimmten Element des Seienden zugegen sein. Solches meint auch Lotze nicht. Nicht als ein räumlich Bestimmtes fasst er die Gesamtheit, das Absolute, sondern als ein geistiges Wesen, und ein solsches hat allerdings als jeder Raumbestimmtheit entbehrend keine Ausdehnung und kann im kleinsten räumlichen Elemente „gegenwärtig" sein.

Diese Lotzesche Bestimmung aber des Absoluten als eines Geistes scheint mir durchaus auf Willkür zu beruhen, nicht durch die Konsequenz seiner Ueberlegungen gefordert, sondern vorher als Ziel derselben festgestellt zu sein.

Er nähert sich diesem Ziele allmählich. Zunächst bezeichnet er das Einzige wahrhaft Seiende als ein „Wesen"[1]), bei welchem Begriff wir an ein lebendes, wahrnehmendes, strebendes Seiende denken. Dann bekennt er offen seine Ueberzeugung, dass das Absolute ein geistiges Wesen sei, ohne jedoch vorläufig seine Gründe anzuführen. Die „Monisten", sagt er[2]), hätten nicht die blose Form des Lebens und der Thätigkeit dem Einen absoluten Wesen zugeschrieben, sondern auch die Fähigkeit den Wert beider und das Glück,

---

1) Met. p. 138 u. 454.
2) Met. p. 164.

das der Mensch im Genusse derselben empfinde, zu empfinden d. i. die Geistigkeit hätten sie in vorzüglicher Herrlichkeit dem Absoluten zuzueignen gesucht. Nach den Ergebnissen, die seine Erörterungen bisher gehabt, dürfe er sich noch nicht zu dieser Ansicht bekennen [1]), doch sei er derselben Ueberzeugung wie jene Monisten. „Die Gründe, die uns bisher leiteten, haben uns nur die Annahme eines immanenten, wenn auch blinden Wirkens nötig gemacht, durch welches jeder neue Zustand des Seienden die erzeugende Veranlassung eines zweiten ihm folgenden ist. Ich verhehle nun meine Ueberzeugung nicht, dass dennoch der Glaube an die Lebendigkeit des Weltgrundes Recht hat, aber ich muss die Rechtfertigung hierüber noch verschieben". Nichtsdestoweniger verwendet er im Folgenden den Begriff des absoluten Geistes, als habe er die Richtigkeit der Annahme desselben bereits bewiesen. Wo wir diesen Beweis zu suchen haben, ergiebt sich aus den Worten: [2]) „an einer andern Stelle haben wir Veranlassung auf diese Fragen (über Mechanismus und teleologischen Idealismus) zurückzukommen, da nemlich, wo innerhalb der Natur die Erscheinungen der lebenden Wesen uns mit besonderer Dringlichkeit den Gedanken einer den Lauf der Dinge beherrschenden Zweckmässigkeit oder eines idealen Ganzen nahe legen wird, das den realen Teilen und ihrer Verbindung vorangehe". Gemeint ist der Abschnitt: „die Formen des Naturlaufs".

Hier bemerkt Lotze bei Besprechung der organischen Bildungen etwa Folgendes: [3]) Um den Zusammenhang der Lebenserscheinungen zu verstehen, werde allerdings die mechanistische Betrachtungsweise gefordert, und diese reiche damit aus, in dem organischen Körper eine bestimmt ange-

---

1) p. 165.
2) Met. p. 178.
3) Met. p. 447. vgl. „Leben und Lebenskraft." kl. S. I 139 ff.

ordnete Verbindung von Elementen zu sehen, die auf Grund
dieser ihrer eigentümlichen Verknüpfungsweise im Stande
seien, durch ihre allgemeingesetzlichen Wechselwirkungen
und unter dem Einflusse des äusseren Naturlaufs einen Kreislauf von Entwickelungen zu durchlaufen und in beschränkter
Ausdehnung die Regelmässigkeit derselben gegen zufällige
Störungen zu verteidigen. Doch dürfe dieser mechanistischen
Auffassungsweise nicht das letzte Wort gelassen werden.
Warum nicht? — „Sie wird doch niemals den überwältigenden Eindruck auslöschen, den die Zweckmässigkeit der organischen Bildung auf jedes unbefangene Gemüt macht, und
sie wird nie davon überzeugen, dass diese wunderbare Tatsache der Nachforschung nach einer besondern Ursache unwürdig sei" [1]).

Die Ursache dieser Zweckmässigkeit aber kann natürlich
nur eine „zweckmässig wirkende Macht sein, die das Leben
gestaltet", und die zweckmässig wirkende Macht wieder muss
als ein Geist gedacht werden, der das zweckmässig Eingerichtete als Gegenstand seines vorstellenden und wollenden
Bewusstseins gehabt hat. So dient der überwältigende Eindruck der Zweckmässigkeit der organischen Bildung auf unbefangene Gemüter Lotze zum Beweise für die Geistigkeit
des Absoluten, des Einzigen wahrhaft Seienden [2]).

Aber ist denn die organische Bildung wirklich zweckmässig? und sind die Gemüter, auf welche diese behauptete
Zweckmässigkeit den überwältigenden Eindruck macht, dass
sie ein höheres zwecksetzendes Wesen annehmen — sind
diese Gemüter wirklich unbefangen"? Beides möchte ich bestreiten.

Ich will die Frage über die Zweckmässigkeit der organischen Bildung nicht ausführlich erörtern. Nur das will

---

1) Met. p. 447
2) Met. p. 448.

ich bemerken: um entscheiden zu können, ob die organische Bildung zwekmässig sei, müssten wir wissen, welches der Zweck derselben sei; die Aufwerfung dieser Frage aber geht schon von der Voraussetzung aus, dass ihnen irgend ein Zweck gesetzt sei, selbstverständlich von einem zwecksetzenden Wesen. So bewegt sich der Beweis aus der Zweckmässigkeit für die Geistigkeit des Weltgrundes im Cirkel.

Was ferner die Unbefangenheit jener Gemüter anbetrifft, von denen Lotze spricht, so kann man mit Fug behaupten, dass seit Jahrhunderten, ja Jahrtausenden, in unserer Kulturwelt kein unbefangenes Gemüt über die Entstehung und Ordnung der Welt nachgedacht hat. Denn nicht nur seit das aus der Verbindung der griechischen Philosophie mit dem judäischen Monotheismus hervorgegangene Christentum über Europa „herrscht", sondern schon lange vorher, waren alle, welche überhaupt dazu kamen, über solche Fragen nachzudenken, in gewissen Erziehungsbegriffen oder in anthropomorphistischer Beschränktheit befangen. Und welchen Eindruck auch die Welt auf so „unbefangene" Gemüter macht, den der Zweckmässigkeit oder der Unzweckmässigkeit — sie schliessen auf jeden Fall daraus auf eine höhere zwecksetzende Macht. Ein wahrhaft unbefangenes Gemüt wird Krankheiten der organischen Bildungen auf unzweckmässige Einrichtung derselben zurückführen; und doch kenne ich Fälle, wo „unbefangene" Gemüter aus eigener und der Angehörigen Krankheiten „merkten, dass oben Einer regiere".

Uebrigens gesteht Lotze selbst ein[1]), dass „nichts hier mit völliger Ueberzeugungskraft gegen diejenigen einzuwenden ist, welche dies ganze zusammengefasste Wirken des Weltgrundes, seine ganze innere Bewegung, aus der alle diese Ereignisse (Bildungen und Veränderungen organischer Wesen) hervorgehen würden, doch wieder als eine blose

---

1) Met. p. 456.

Thatsache ansehen mögen, als eine Richtung, die nun eben der Weltlauf von Ewigkeit nimmt, ohne dass in ihm etwas dem ähnliches vorhanden wäre, was wir als Wahl oder Bewusstsein eines Zieles verstehen".

So ist es also nichts mit dem Beweise für die Geistigkeit des Absoluten aus der Zweckmässigkeit der organischen Bildungen. Aber Lotze kann auch auf ihn verzichten. Denn ganz unabhängig von dem Eindruck der Zweckmässigkeit der organischen Bildung behauptet er notgedrungen zur Annahme eines unendlichen Wesens, welches „eingreife" [1]), welches „befehle" [2]), welches „Absichten" [3]) habe, eines geistigen (vorstellenden und wollenden) Wesens also, gekommen zu sein: [4]) „Gar nicht mit besonderer Rücksicht auf den zu vermittelnden Gegensatz zwischen Lebendigem und Unlebendigem, sagt er, sondern aus viel weiter reichenden und allgemeineren Gründen habe ich von Anfang an die Denkbarkeit eines Weltlaufs bestritten, in welchem eine Vielheit selbständiger Bestandteile nur nachträglich durch allgemeine Gesetze ihres Verhaltens zur gemeinschaftlichen Erzeugung von Wirkungen verbunden sein konnte" — „als notwendige Voraussetzung jedes besonderen Wirkens, jeder Veränderung eines Elementes ergab sich die Vorstellung eines unablässigen und allgemeinen sympathetischen Rapports", d. h. eines ewigen und allgemeinen Kausalzusammenhangs. Dieser unablässige und all-

---
1) Met. p. 454. Nicht damit diese oder jene bevorzugte und besonders vornehme Art der Ereignisse möglich werde, bedurfte es daher des Eingreifens jenes unendlichen Wesens, das wir als den Grund aller Dinge betrachten, sondern jede ärmlichste Wirkung eines einzelnen Elements auf das andere ist nur eine immanente Lebendigkeit dieses Einen und fordert, um zu geschehen, seine beständige Mitwirkung nicht minder als jene.

2) ebenda: hier wie dort war nur dieses ewig Eine thätig, und der Unterschied liegt in dem, was es befahl etc.

3) ebenda: nicht aus dem Leeren bringt das Absolute hier dies dort jenes hervor, nur weil es dem Sinne dessen entsprochen hätte, was in seiner Absicht liegt.

4) Met. p 453.

gemeine sympathetische Rapport sei aber nur denkbar unter der völligen Wesenseinheit dessen, was zunächst uns als eine Vielheit selbständiger Anfangspunkte des Wirkens erscheine: „Es kann nicht eine Vielheit von einander unabhängiger Dinge geben, sondern alle Elemente, zwischen denen eine Wechselwirkung möglich sein soll, müssen als Teile eines einzigen wahrhaft Seienden betrachtet werden; der anfängliche Pluralismus unserer Weltansicht hat einem Monismus zu weichen, durch welchen das stets unbegreifliche transeunte Wirken in ein immanentes übergeht" [1]. — Lotze greift hiermit auf seine Erörterungen „die Einheit der Dinge" zurück, die wir oben [2] besprochen haben. Aber dort wie hier behauptet er nur die Einheit aller Seienden, deren Beweis übrigens wir nicht stichhaltig fanden. Gar nicht einmal versucht aber ist ein Beweis für die Geistigkeit dieses Einen, vielmehr dort ausdrücklich auf später verschoben, als vorläufig noch nicht zu erbringen. Der Beweis aber aus der Zweckmässigkeit der organischen Bildung, auf den verwiesen wurde, zerrann in nichts und so ergiebt sich die Thatsache, dass Lotzes Ausdrücke von dem „Eingreifen" des absoluten Wesens, von seinen „Absichten" und „Befehlen" ganz ungerechtfertigt sind, und dass seine Ueberzeugung von der Geistigkeit des Absoluten nicht so wie er behauptet, auf rein theoretischen Gründen als vielmehr auf religiösen Bedürfnissen beruhen [3]. Denn wenn die Annahme der Geistigkeit des Absoluten nur

---

[1] Met. p. 454.
[2] p. 30 ff.
[3] Met. p. 458. „Eben dies will ich hier ausdrücklich hinzufügen, dass ich zwar altfränkisch genug bin, für die religiösen Bedürfnisse, die hier rege werden, empfänglich zu sein, dass aber nicht auf ihnen, sondern auf blos theoretischen Gründen die Ansichten beruhen, die ich hier verfochten habe; gar kein Weltlauf, weder ein harmonischer noch ein unharmonischer ist mir ohne die Voraussetzung jener Einheit begreiflich." Hier spricht L. wieder nur von Einheit, nicht von Geistigkeit des Absoluten.

durch theoretische Gründe veranlasst wäre, so müsste sie doch eine merkbare Lücke in seinem System ausfüllen. Das ist aber nicht der Fall. Das zwecksetzende Absolute leistet nichts, was nicht auch durch die allgemeine Kausalverknüpfung der Seienden geleistet würde. Lotze selbst sieht sich zu dem Geständniss genötigt:[1] „Das Absolute ist kein hexendes Princip; nicht aus dem Leeren bringt es hier dies dort jenes hervor, nur weil es dem Sinne dessen entsprochen hätte, was in seiner Absicht liegt; sondern allem besondern Wirken legt es eine breite gesetzliche Oekonomie des Wirkens unter". Damit wären wir ja wieder dorthin zurückgelangt, wo Lotze vorher zum Einen persönlichen Wesen abgesprungen war, zur allgemeinen Kausalverknüpfung; denn etwas anderes besagt doch die „breite gesetzliche Oekonomie des Wirkens" nicht. „So geschieht es, dass jede organische Entwickelung Schritt für Schritt aus den Gegenwirkungen zu geschehen scheint, die den verbundenen Elementen ihre constante Natur zur Notwendigkeit gemacht hat". Dieses „scheint" hat offenbar denselben Sinn wie das „Schein" in „Schein"-Welt und wir können Lotzes Worte so umdeuten: in der uns gegebenen und wahrnehmbaren Welt geschieht jede organische Entwickelung Schritt für Schritt aus den Gegenwirkungen, die den verbundenen Elementen ihre constante Natur zur Notwendigkeit gemacht hat, so dass wir uns nirgends der mechanistischen Auffassung des Zustandekommens auch der organischen Gebilde entschlagen können.

Einen Beweis der Geistigkeit des Absoluten könnte man vielleicht auch in der Behauptung Lotzes finden, dass dasjenige, was „sein", d. h. nach Lotzes Begriff „sich im Wechsel seiner Zustände selbst erhalten" solle, geistiger Art sein müsse [2]. Denn nur in der Empfindung, die den empfundenen

---

2) Met. p. 455, vgl. 178.
1) Met. p. 184.

Inhalt zugleich als etwas für sich von uns abstösst und ihn zugleich als den unsern offenbart, würde uns klar, was damit gemeint sei, dass wir irgend ein a als Zustand eines Wesens A fassen; nur dadurch, dass unsere beziehende Aufmerksamkeit Vergangenes und Gegenwärtiges in der Erinnerung zusammenfasse, zugleich aber die Vorstellung des beständigen Ich entstehe, dem sie beide angehören, werde uns klar, was es heisse und dass es möglich sei, Ein Wesen im Wechsel vieler Zustände zu sein; und dadurch, dass wir uns als solche Einheiten erscheinen könnten, seien wir Einheiten. Daraus schliesst nun Lotze weiter:[1] „Wenn es Dinge geben soll mit den Eigenschaften, die wir von ihnen verlangten, so müssen sie mehr als Dinge sein; nur durch Teilnahme an diesem Charakter der geistigen Natur, können sie jene allgemeinen Forderungen der Dingheit erfüllen", d. i. die Dinge müssen beseelt sein Denn „sein" heisst nunmehr nach Lotze: sich als ein Wesen im Wechsel vieler Zustände erscheinen können. Wenn nun dieser Lotzesche Begriff des Seins richtig wäre, so wäre es auch die Folgerung daraus, die Behauptung der Geistigkeit aller Seienden und folgerichtig auch des Einzigen allumfassenden Seienden. Aber die Lotzesche Bestimmung des Begriffs „sein" geht wie die Herbartische von der Voraussetzung aus, dass alles uns Gegebene nicht „seiend" ist, muss daher, weil diese Voraussetzung unbegründet ist, falsch sein und mit ihr auch die Folgerung daraus über die Natur des „Seienden". So kann die Geistigkeit des Absoluten auch aus dem Begriff des „Seienden" nicht bewiesen werden.

Nachdem wir aber so lange den Bemühungen Lotzes für den teleologischen Idealismus nachgegangen sind, wollen wir uns auch die Freude gönnen, zu sehen, welche Krone denn schliesslich das Gebäude dieses Idealismus ziert. Welches

---

[1] p. 186.

Verständniss des Weltgeschehens behauptet er zu schaffen? — „Niemals, sagt Lotze, werden wir vermögen, den vollen Sinn jener Idee M anzugeben, welche wir für die belebende Seele der Weltbildung hielten. ... Es bleibt ein unausführbares Ideal des Denkens, jene höchste Idee zu verfolgen etc." [1] — „Da wir die Idee nicht kennen, die in der Welt nach ihrer Verwirklichung ringt, so können wir auch nur der Erfahrung die Erkenntniss der allgemein sich wiederholenden Wirkungsweisen der Dinge entlehnen". [2]

Für die Erkenntniss der Wirkungsweisen der Dinge sind wir also doch wieder auf die Erfahrung und in das Reich des Scheins verwiesen. Hoffentlich giebt uns Lotze wenigstens Kenntniss von dem Reiche der Ideen und seiner Ordnung ohne Rücksicht auf die Welt des Scheins. Aber auch hier heisst es: sich bescheiden.

Lotze behauptet als wahrhaft Seiendes nur das Eine Absolute, und betrachtet die vielen einzelnen Seienden oder Elemente als Modificationen eines und desselben absoluten Wesens [3]. Aber die Art, wie sie Modificationen desselben sein sollen, vermag er nicht allgemein klar zu machen. Nur ein subjectives Bild entwirft er davon. „Ich denke mir, sagt er [4], unter jenem absoluten Wesen nicht eine unendliche Qualität eines gleichartigen Realen, die ihrer Natur nach fähig in unzählbare homogene Teile zu zerfallen, nur secundär durch die Mannigfaltigkeit möglicher Kombinationen dieser Teile der Grund zu einer Verschiedenheit des Weltinhalts werden könnte; ich denke mir unter ihm eine lebendige Idee, deren Sinn an sich jeder quantitativen Messung unzugänglich, nicht in eine Vielheit gleicher Teilgedanken zerfällt, sondern in ein vielfach verschlungenes Gewebe ver-

---

1) Met. p. 179.
2) Met. p. 395.
3) Met. p. 381.
4) Met. p. 381.

schiedener sich gliedert: von diesen erwirbt jeder für sich selbst und für die Elemente, aus denen er besteht, gemäss dem Werte für das Ganze auch verhältnissmässige Grössenbestimmungen". Ich habe mich des Oefteren bemüht, diese Gedanken Lotzes nachzudenken und habe es auch jetzt wieder versucht, jetzt wie früher mit negativem Erfolge. Schon die „lebendige Idee", vielmehr noch ihr Verhältniss zu den Teilideen scheint mir ein Ungedanke, dem ich kein Verständniss abzugewinnen vermag.

Hiermit wäre auch die Lotzesche Metaphysik erledigt und wir wenden uns nunmehr zur Psychologie.

Herbart bestimmt die Seele als dasjenige, in seinem einfachen Was übrigens uns völlig unbekannte [1]), Reale, dessen Selbsterhaltungen Vorstellungen seien [2]). Nur durch die Vorstellungsthätigkeit also und durch das, was mit ihr verknüpft ist, unterscheidet sich das Seelen-Reale von dem übrigen Realen. Nun können wir direkt nur die Selbsterhaltungen unseres eigenen Seelen-Realen, nemlich unsere Vorstellungen. Dass auch die übrigen Menschen Vorstellungen haben, dass also auch mit ihrem Leibe ein Seelen-Reales zusammen und causalverknüpft sei, erfahren wir indirekt durch ihre Aussagen und erschliessen es aus den bewussten oder unbewussten Veränderungen ihres Leibes. Aus ebensolchen Anzeichen schliessen wir auch, dass die Thiere ebenfalls Vorstellungen haben, und dass demnach mit den Thierleibern vorstellende Reale verbunden seien. Was hindert uns nun, um hier die Frage nach dem Unterschiede der Seele von oder ihrer Gleichheit mit dem übrigen Seienden zu erörtern — was hindert uns, dasselbe von den Pflanzen, ja von den unorganischen Gebilden anzunehmen? Wir kennen ja direkt nur unsere eigenen Selbsterhaltungen. Diese nennen wir

---

1) Lehrb § 153.
2) Lehrb. § 155.

Vorstellungen von denjenigen Seienden, gegen die wir uns erhalten. Diese Seienden „erscheinen" uns immer als Raumdinge. Warum sollen nun blos unsere Selbsterhaltungen und die der Thier-Seelen-Realen Vorstellungen sein? es können ja auch alle andern Realen eben solche Vorstellungen als Selbsterhaltungen haben, also Seelen sein, so dass z. B. ein Reales, das wir als Stein vorstellen, als Selbsterhaltung gegen uns auch irgend eine Vorstellung hätte. Es ist demnach durch die Grundsätze der Herbartischen Metaphysik und Psychologie durchaus nicht ausgeschlossen, dass alle Realen Vorstellungen als Selbsterhaltungen haben d. h. Seelen seien, und zu dieser Behauptung ist ja, wie wir gesehen haben, die Lotzesche Metaphysik fortgeschritten.

Aber auch gegen die entgegengesetzte Auslegung, dass die Seele als ein Räumliches zu fassen sei, hat Herbart seine Lehre nicht hinreichend geschützt. Zwar sagt er[1]), „die Seele ist nicht irgend wo", und will ihr überhaupt „keine wahrhaft räumliche Beschaffenheit" zugestehen. Aber was bedeuten die Ausdrücke „das Zusammen der Realen", die „Durchdringung" derselben, ja auch die „Störung" anderes, als dass Herbart die Realen sich räumlich vorgestellt oder wenigstens der räumlichen Auffassung derselben Vorschub geleistet hat? Wenn er auch gleich hinterher sagt: die Realen sollen keine räumlichen Bestimmtheiten haben, und der Raum, in dem sie zusammen seien, sei ein „intelligibler" Raum, so ist doch damit nichts gebessert. Entweder ist intelligibler Raum dasselbe, was wir im Gegebenen als Raum und Raumbestimmtheit bezeichnen, oder ist überhaupt nichts d. h. wir können ihn uns nicht vorstellen.

So ist die Frage, ob und wie die Seele sich von den übrigen Seienden unterscheide, speciell ob die Seelen als eine Art aller Seienden qualitativ anders bestimmt seien als die

---

1) Lehrb. § 150.

andere Art der in räumlicher Bestimmtheit uns erscheinenden Seienden, von Herbart durchaus nicht genügend beantwortet worden. Seine Worte lassen sogar dass Missverständniss zu, das Seelen-Reale als ein räumlich bestimmtes aufzufassen. Lotze bestimmt, wie wir sahen, alle Seienden als Geister oder Seelen und kann daher natürlich keinen Artunterschied derselben angeben.

Er bestimmt aber den Begriff der Seele folgendermassen: die Seele ist eine Substanz d. i. ein Seiendes, das zu leiden und zu wirken fähig ist[1]). Während sodann Herbart die Qualität des Seelen-Realen für unerkennbar erklärte und es nur durch die Beschaffenheit seiner Selbsterhaltungen als ein vorstellendes Reale bestimmte, behauptet Lotze, die Qualität der Seelensubstanz d. i. ihre Bestimmtheiten seien uns wohl bekannt, und zwar sei die Seele eine vorstellende fühlende wollende Substanz:[2]) Wenn nemlich das gesuchte Was eines Dinges erstens nach dem frage, wodurch dieses Ding sich von andern unterscheide; zweitens nach dem, wodurch es ein Ding sei wie andere, so müsse es völlig unbegreiflich scheinen, wie man nach dem Was eines Wesens fragen und es doch noch in etwas Anderem suchen könne, als in dem, was dieses Wesen sei und thue, und wie man nach seinem Sein fragen und wieder dies anderswo suchen könne, als in seinem eigenen Thun und Treiben; wie man also glauben könne die Seele noch nicht zu kennen, wenn man alle ihre Thaten kenne, aber die elastische Kugel noch nicht, an der nach einem Gleichnisse Kants diese ihre Natur befestigt sei; oder wie man ihre lebendige Wirklichkeit nicht in ihrem Handeln, im Vorstellen Fühlen Streben finden, sondern in einem namenlosen Sein suchen könnte, an welchem diese konkreten Formen, des Benehmens, die aus ihm nicht fliessen würden, doch auf

---

1) Met. p. 482 u. 486.
2) Met. p. 485|86.

nie aufzuklärende Weise participierten. „Jede Seele ist das, als was sie sich giebt: in bestimmten Vorstellungen Gefühlen und Strebungen lebende Einheit".

Diese Lotzesche Bestimmung des Begriffs „Seele" können wir zur unsrigen machen: nur müssen wir, da uns die Seelen nicht die einzige Art des Seienden darstellen, um sie von dem übrigen Seienden zu unterscheiden, hinzufügen, dass die Seele weder irgend eine qualitative noch räumliche Bestimmtheit hat, und dass sie die Vorstellungen Gefühle und Wollungen als ihre Bestimmtheiten hat, während das Raumding aus dem Zusammen von räumlichen und qualitativen Bestimmtheiten besteht, ohne dass zu diesen ein Subjekt hinzukomme, welche diese Bestimmtheiten als die Seinigen habe.

Nach Herbart ist die Seele als ein Reales unentstanden und unvergänglich. Seinen Glauben an eine Fortdauer der Seele nach dem Tode und seine Ansicht über die Art dieser Fortdauer spricht er im „Lehrbuch" § 247 aus: „dass die spätere Verarbeitung tumultuarisch angehäufter Vorstellungen ganz anders nach dem Tode, als während des Treibens in der sinnlichen Mitte der irdischen Dinge ausfallen müsse, leuchtet unmittelbar ein. Auch der Traum kann damit gar keine Aehnlichkeit haben. Denn die Sinne zwar werden durch den Schlaf verschlossen, aber ebenderselbe drückt auf die Vorstellungen, so dass die Gesetze ihres Zusammenhanges nur teilweise wirken, woraus eben die Zerrbilder des Traumes entstehen. Nach dem Tode aber, frei vom Leibe, muss die Seele vollkommener wachen als jemals im Leben". — Nach diesen Worten scheint Herbart sich die Sache etwa so zu denken: So wie die Seele in das Zusammen, in die Causalverknüpfung mit andern Realen, „zufällig" eingetreten ist, so tritt sie auch wieder aus demselben heraus, und da das Seelen-Reale nun keine Störungen mehr erleidet, keine neuen Vorstellungen mehr hat, so hat es jetzt Zeit, die früheren Vor stellungen zu „verarbeiten". Dieser Glaube an die Unsterblichkeit der Seele liegt ganz in der Consequenz der metaphysischen Annahme Herbarts. „Ein Pluralismus, sagt Lotze¹), der die Ordnung der Welt aus einer Mehrheit nachträglich durch Gesetze verbundener und gegen einander völlig selbständiger Elemente entstehbar glaubt, kommt natürlich darauf, Unzerstörbarkeit und Unveränderlichkeit in die ursprüngliche Natur dieser Elemente hineinzudenken; wünscht er dann die Seele nicht als einen hinfälligen Nebeneffekt an die Constellationen dieser beständigen Atome zu knüpfen, so bleibt ihm nur übrig, auch sie unter die Anzahl so ewiger Wesenheiten aufzunehmen; nun kann die Seele auf dies vorweltliche Substanzenrecht pochen und gewiss sein, dass ihr in jedem Weltlauf, wie er auch sein mag, weder Ursprung noch Untergang zugemutet werden darf".

Eine solche Ueberzeugung von der Unentstandenheit und Unvergänglichkeit der Seele vermag Lotze nicht, sich zu eigen zu machen. Schon in der „Medizinischen Psychologie"²) trägt er kein Bedenken „den abenteuerlichen Gedanken einer unendlichen Präexistenz der Seelen, unter welcher Form er auch auftreten mag", ebenso sehr zurückzuweisen, „als die notwendige unendliche Fortdauer aller (einschl. der Tierseelen)", und demgegenüber zu behaupten, „dass ein Werden und Vergehen der Seelen im Allgemeinen stattfinden muss". Auch in der „Metaphysik" bleibt ihm die unendliche Präexistenz der Seele vor diesem uns bekannten irdischen Leben, ebenso wie die Unsterblichkeit jeder thierischen Seele eine „unwahrscheinliche Seltsamkeit"³).

Die Gründe für die Unwahrscheinlichkeit dieser Seltsamkeit scheint Lotze allerdings der Erfahrung entnommen zu

---

1) Met. p. 486.
2) p. 163.
3) Met. p. 487.

haben, doch gesteht er dies nicht offen zu; denn nach seiner Darstellung ist es nicht das zu notwendigen Ergebnissen über diesen Gegenstand gelangende erfahrungsmässige Denken, sondern teils sind es gemütliche und sittliche Bedürfnisse, teils seine metaphysischen Grundsätze, die ihm eine solche Selbständigkeit der Seele unmöglich erscheinen lassen; „Abgesehen von aller Unwahrscheinlichkeit des Hergangs (der Verbindung ewig präexistierender Seelen mit den Keimen der thierischen Geschöpfe)" erscheint Lotze diese Theorie schon darum unglaublich, „weil sie ganz die sittliche und innige Bedeutung des Verhältnisses zwischen Eltern und Kindern durch die Annahme einer nur körperlichen Seite der Generation vernichtet"[1]; und „alles Einzelne kann nur so lange dasein und nur soviel und solches wirken oder leiden, als die höchste Idee ihm, sofern es eines und gerade dieses ihrer Momente ist, zulässt oder überträgt".[2] Hiermit stimmt die „Mataphysik" überein:[3] „Aller dieser Gedanken (von der unendlichen Präexistenz der Seelen wie von der Unsterblichkeit aller auch der tierischen Seelen) hat sich unsere monistische Auffassung längst entschlagen; die Ordnung der Welt, Dasein und Wirkungsfähigkeit jegliches Dinges hat sie ganz und rückhaltslos in die Hand des einen unendlichen Wesens gestellt, auf dem die Möglichkeit aller Wechselwirkungen allein beruhte, und nirgends hat sie eine Vorwelt begrifflicher Notwendigkeit anerkannt, aus welcher die Dinge Anspruch auf andere Schicksale herleiten könnten, als diejenigen, welche ihnen der Sinn des Ganzen zu seinem Dienste bestimmt".

Lotze fasst hier ganz unmittelbar das Verhältniss der Seele zum Absoluten wie das eines Geschaffenen zu seinem

---

1) Med. Psych. p. 161.
2) Med. Ps. p. 164.
3) Met. p. 487.

Schöpfer. Daraus folgt nun, da uns die Erfahrung nichts darüber lehrt, ob die Seelen nach dem Tode des Leibes fortdauern oder nicht, und da wir die Absichten des Absoluten nicht kennen, die es etwa mit den Seelen hat: dass es uns nach Lotze unmöglich ist über die thatsächliche Unsterblichkeit der Seelen etwas zu entscheiden. Wir vermögen nicht zu sagen, ob das Absolute den Seelen eine ewige Dauer zugestehen will oder nicht, ob allen oder nur einzelnen:[1] „Aus der Metaphysik scheidet die Frage nach der Unsterblichkeit der Seele aus. Kein anderer Grundsatz steht uns ausser der allgemeinen idealistischen Ueberzeugung zu Gebote: fortdauern werde jedes Geschaffene, dessen Fortdauern zu dem Sinne der Welt gehört und so lange sie zu ihm gehört; vergehen werde Alles, dessen Wirklichkeit nur in einer vorübergehenden Phase des Weltlaufs seine berechtigte Stelle hatte. Dass dieser Grundsatz keine weitere Anwendung in menschlichen Händen gestatte, bedarf kaum der Erwähnung; wir kennen sicher die Verdienste nicht, die dem einen Wesen Anspruch auf ewiges Bestehen erwerben können, noch die Mängel, die ihn andern versagen".

Ewas weiter zu Gunsten der Unsterblichkeit der menschlichen Seele ging Lotze in der „Medizinischen Psychologie."[2] „Ist in der Entwickelung eines geistigen Lebens ein Inhalt realisirt worden von so hohem Werte, dass er in dem Ganzen der Welt unverlierbar erhalten zu werden verdient, so werden wir glauben können, dass er erhalten wird; ist nichts in der Seele zu Stande gekommen, was eine individuelle Fortdauer erheischte, so dürfen wir glauben, dass sie zu Grunde geht. Man wird geneigt sein, diese allgemeine Vorstellung so anzuwenden, dass aus ihr die Sterblichkeit der Tierseelen, die Unsterblichkeit aller menschlichen hervorginge".

---

1) Met. p. 487.
2) Med Ps. p. 164.

Mehr und Sichereres als über die Unvergänglichkeit der Seele glaubt Lotze über ihre Entstehung sagen zu können. Die Seele entsteht nicht als ein direktes Produkt physischer Processe, denn es lasse sich nicht denken, wie durch dieselbendie materiellen Elemente als Nebenerfolg die Entstehung eines ganz anders gearteten Seienden haben könnten [1]), sondern die Seele wird nach Lotze vom Absoluten erschaffen oder erzeugt. [2]) Aber nicht durch eine freie Nachschaffung der Seele lässt Lotze die Beseelung des werdenden Leibes zu Stande kommen, weil eine solche Annahme nicht minder als die Lehre von der Präexistenz nur eine körperliche Seite der Generation übrig lassen und ihre Bedeutung für unser sittliches Gefühl wesentlich verändern würde. [3]) Lotze nimmt vielmehr an, dass die Entstehung des Keimes eines Organismus derartig auf das Absolute zurückwirke, dass dieses eine bestimmte Seele aus sich erzeuge. Nicht so aber sei dies zu verstehen, als ob der sich bildende Keim in die Ferne zu wirken habe, um aus irgend einer entlegenen Gegend des Himmels sich seine Beseelung zu erbitten, und die Seele habe nicht nötig, einen langen und beschwerlichen Weg etwa aus dem unräumlichen Sein herkommend zurückzulegen, um in den Mittelpunkt des Keimes zu gelangen, denn das Unräumliche sei jedem Punkte des Raumes gleich nahe. Wo also immer eine physische Organisationsbewegung sich entzünde, da sei zugleich das beseelende Princip gegenwärtig.[4])

Entkleiden wir die Lotzesche Darlegung ihrer mythischen Ornamente, so ist ihr Sinn folgender: Zugleich und zusammen mit dem Keim eines Organismus entsteht auch, wenn man so sagen darf, der Keim einer mit diesem Organismus ver-

---

1) Med. Ps. p. 165.
2) Met. p. 488.
3) Med. Ps. p. 164-65.
4) Med. Ps. p. 168. vgl. Met. 488.

bundenen und mit ihm — wie Lotze an anderer Stelle zeigt [1]) — in Causalverknüpfung stehenden Seele d. h. ein Bewusstseinssubjekt, welches in gleicher Weise, wie der entstehende leibliche Organismus von den Leibern seiner Erzeuger, so von den Seelen derselben verwandschaftlich abhängig ist.

Behalten wir diese Thatsache für eine spätere Stelle im Gedächtniss und prüfen wir hier zunächst die Gründe, durch welche Lotze bestimmt wurde, die Unentstandenheit der Seele d. i. ihre ewige ursprüngliche Existenz zu bestreiten.

Mit dem Anspruch eines rein theoretischen Beweises tritt die Behauptung Lotzes auf, dass sich die ewige Existenz der Seele, ein Fürsichsein derselben, nicht vertrage mit den Grundsätzen seiner monistischen Auffassungsweise und daher nicht möglich sei. Nun glaube ich aber nachgewiesen zu haben, dass der Lotzesche Monismus auf keine Weise sich aus den gegebenen Voraussetzungen denknotwendig ergiebt. Folglich ist dieser Beweis gegen die Präexistenz der Seelen nichtig.

Der andere Grund, welcher Lotze diese Theorie wie auch die einer „freien" Nachschaffung der Seele in den Keim des Organismus hinein unglaublich erscheinen liess, war der, dass sie die sittliche und innige Bedeutung des Verhältnisses zwischen Eltern und Kindern durch die Annahme einer nur körperlichen Seite der Generation vernichten würde. Dieser Grund ist offenbar vom Gefühl hergenommen und darum ganz ungeeignet, eine theoretische Frage zu entscheiden. Ob uns diese oder jene Thatsache angenehm oder unangenehm ist, ob sie sittliche Verhältnisse stört oder fördert, das entscheidet, wie die tägliche Erfahrung lehrt, nichts über ihre Wirklichkeit. Uebrigens würde das Gefühl, wenn die Seelen bekanntermassen präexistirten, und wir von unsern Eltern

---

[1]) Im Abschnitt: „die leibliche Begründung geistiger Thätigkeit" Met. p. 574 ff. besonders § 207 p. 600 ff.

nur als leibliche Organismen erzeugt wären, sich bei dieser Thatsache beruhigen, und das Verhältniss zwischen Eltern und Kindern würde wohl in den einzelnen konkreten Fällen ebenso verschieden sein wie jetzt.

So bleibt nur noch der Grund übrig, den Lotze gar nicht ausdrücklich als Grund anführt, sondern nur als Thatsache anerkennt, indem er die Seele von dem Absoluten auf eine Anregung des leiblichen Keimes diesem „entsprechend", also indirekt entsprechend dem Leibe und abhängig von dem Leibe der Eltern, nachschaffen lässt. Das ist die Thatsache, die er in der „Med. Psych." [1]) erwähnt und anerkennt, dass, wie der Leib des Kindes eine verwandtschaftliche Abhängigkeit von dem Leibe der Eltern zeigt, so auch in der Seele des Kindes die geistigen Thätigkeiten des Vaters und der Mutter, ihre Neigungen, ihre Talente, die ursprünglichen Richtungen ihrer Phantasie sich wiederzeigen. Wenn nun solche „Familienähnlichkeit" zwischen der Seele der Kinder und der Seele der Eltern statthat, und wenn, wie auch Lotze implicite als Thatsache anerkennt (s. oben S. 50) zugleich mit dem Keim des Leibes der „Keim" der Seele entsteht, so ist doch die nächste Folgerung, dass wie der leibliche Keim so auch der Seelenkeim direkt durch den Akt der Zeugung entsteht, und dass die Lösung des Samens vom Manne ein Analogon zu der Thatsache sei, dass Stücke zerschnittener niederer Tiere z. B. der Polypen sich zu vollständigen individuell beseelten Wesen ausbilden [2]). Die Aehnlichkeit der Seele des Kindes mit der Seele der Mutter würde dann dadurch erklärt werden müssen, dass ja der neue Organismus zunächst ein Teilorganismus der Mutter ist und gerade während des ersten schnellsten Wachstums ganz von dem Mutterleibe ernährt wird, und dass die Seele mit dem Leibe auch in der

---

1) Med. Ps. p. 161.
2) Med. Ps. p. 168.

Beziehung im engsten Causalzusammenhang steht, dass sowohl intellektuelle wie Charaktereigenschaften der Seele von der Beschaffenheit und der Ernährungsart des Leibes in hohem Grade abhängig sind.

Bezüglich der Entstehung der Seele also stimmen wir Lotze zwar darin bei, dass die Seele zugleich mit dem Keim des Organismus entstanden sei, aber nicht in der Ansicht über die Art, wie sie entstanden sei. Was nun die Fortdauer der Seele nach dem Tode des Leibes betrifft, so bedaure ich, ihm in keinem Punkte beistimmen zu können, da ich der Meinung bin, wir vermögen über die Möglichkeit dieser Fortdauer ein negatives Urteil zu fällen.

Erstens nemlich spricht die Thatsache, dass noch niemand die Existenz einer Seele, deren Leib gestorben war, erfahrungsmässig hat beweisen können, dafür, dass mit dem Tode des Leibes auch der Tod der Seele eintritt. Zweitens müssen wir nach dem Erfahrungssatze, dass jedes besondere Seiende, das entstanden ist, auch vergeht, aus der Entstehung des individuellen Bewusstseins-Subjekts auf ein Vergehen desselben schliessen. Drittens führt uns die Entwickelung der Seele zu demselben Schlusse. Ihre Kraft und Lebendigkeit steigt von den niedrigsten Graden analog der Entwickelung des Leibes bis zu einer gewissen Höhe, um dann ebenso wieder zu sinken. Bei alten leibesschwachen Personen gewahrt man eine merkwürdige Geistesschwäche, Mangel an Gedächtniss und überhaupt an Zusammenhang des Denkens. Der Inhalt des Bewusstseins verringert sich, bei langsamen Todesarten des Leibes geht dem eigentlichen Tode eine längere Zeit fast ganz bewusstlosen Lebens vorher, wobei auch solche Fälle vorkommen, dass nach längerem (in einem mir bekannten Falle 2 Tage langen) bewusstlosen Leben wieder eine Kräftigung des Bewusstseins-Subjekts zugleich mit der des Körpers eintrat. Diejenige Ansicht, welche die Seele den Körper verlassen und ein Sonderleben weiter führen ässt, kann diese Thatsachen gar nicht erklären, oder sie müsste behaupten, dass nach und nach Teile der Seele sich von dem Leibe trennen und „im Jenseits" wieder zusammenfinden. — Viertens aber spricht gegen die Unsterblichkeit der Seele ihr eigentümliches Zusammen mit dem Leibe. Solange wir uns oder unsere Seele als Bewusstseins-Subjekt kennen, ist unser Bewusstseinsleben durchaus abhängig von unserem Körper und seinen Sinnesorganen Nur durch fortwährende neue Zufuhr von Wahrnehmungen und Gemeinempfindungen wird unser Denken in Fluss erhalten, werden frühere Wahrnehmungen reproduciert u. s. w., wie ja auch Wahrnehmungen und Gemeinempfindungen die ersten Objekte des Bewusstseins bildeten. Wie sollte denn nun die von ihrem Leibe getrennte Seele neue Wahrnehmungen erhalten, durch welche die früheren reproduciert und ein vergleichendes Denken veranlasst würde? Und wie könnte eine Seele, ein **denkendes Seiendes**, noch sein, wenn sie nicht mehr denkt.

Diese vorgetragenen Gründe bestimmen mich zu dem Schlusse, dass mit dem Tode des Leibes auch die Seele aufhört, als solche zu existieren. Aber wie hört sie auf? Das ist jetzt die schwierige Frage. Sie kann doch nicht spurlos ins Nichts verschwinden, denn sie ist ja nicht aus dem Nichts entstanden. Sie entstand zugleich mit dem leiblichen Keim, indem sich beseelter Same vom beseelten Leibe des Mannes ablöste. Wie ist nun der Vorgang beim Tode? Man sollte meinen, wie der Leib mit dem Tode nicht verschwunden ist, sondern nur der organische Zusammenhang der Bestandteile desselben aufgehoben, so könnte auch die Seele nicht spurlos verschwinden, sondern ein der Zersetzung des Leibes analoger Vorgang müsste sich hier vollziehen. Die Consequenz hiervon wäre allerdings, dass alle oder wenigstens mehrere Atome des gestorbenen Leibes ihre besondere Seele hätten, und dass diese vorher, sowie die Körperatome durch ihr Zusammenwirken den Organismus bildeten, so ihrerseits das

Bewusstseins-Subjekt, das mit jenem Organismus zusammen war, zu Stande gebracht hätten.

Uebrigens liegt diese Ansicht, so ungeheuerlich sie auch klingen mag, durchaus nicht so weit ab vom Wege vernünftiger Ueberlegung. Lotze selbst bekämpft die Ansicht von der Beseeltheit der Atome nur deswegen, weil ihm die Einheit des Bewusstseins dagegen zu streiten scheint.

In der Erörterung über den „metaphysischen Begriff der Seele" lesen wir:[1]) „Die Unvergleichbarkeit der physischen und der psychischen Vorgänge macht es nur unvermeidlich, für jede der beiden Gruppen ihren besondern Erklärungsgrund festzuhalten. Aber es würde ein Ueberschuss der Behauptung sein, die beiden so zu sondernden Principien seien notwendig an zwei verschiedene Sorten von Substanzen verteilt. Nichts hindert vorläufig die andere Annahme, jedes Element der Wiklichkeit vereinige in sich die beiden Ureigenschaften, aus deren einer geistiges Leben entspringen könne, während die andere die Bedingung der Erscheinung als Materie enthalte. So stände nicht ein eigentümliches Geschlecht von Seelen ohne jede physische Wirksamkeit einer völlig selbstlosen Gattung materieller Elemente gegenüber, sondern auch in den letzteren könne sich, in mannigfaltigen Abstufungen, ein inneres Leben regen, unserer Beobachtung freilich stets entzogen und auch nicht erraten, so lange für uns verständliche Formen der Aeusserung ihm abgehen. Welcher Grund es sei, der diese beiden Attribute in dem Seienden vereinige, würde diese Ansicht mit demselben Rechte völlig dahingestellt lassen, mit dem auch die unsere sich nur auf eine thatsächliche Verknüpfung zweier Reihen von unvergleichbaren Vorgängen berufen konnte [2]). Es scheint mir, dass jede Vorstellungsweise, die sich selbst Materialismus

---

1) Met. p. 475 § 240.
2) vgl. § 239.

nennt, zuletzt auf dieser Annahme beruht, oder bei einigem Nachdenken auf sie zurückkommen muss; die Materie, aus welcher sie die geistigen Erscheinungen abzuleiten denkt, ist ihr von Haus aus heimlich etwas Besseres, als sie von aussen angesehen, zu sein scheint. So kommt es, dass es für eine wohlgestellte Aufgabe gelten kann, aus den Gegenwirkungen der psychischen Regungen der körperlichen Elemente das geistige Leben eines Organismus ebenso abzuleiten, wie als eine Resultante aus dem Zusammenfluss ihrer physischen Kräfte das leibliche Leben desselben entsteht. So lange wir nun auf äusserliche Beobachtung eines fremden Seelenlebens beschränkt wären, wüsste ich nicht, was man völlig Entscheidendes dieser Annahme entgegenstellen könnte, nach welcher jede psychische Aeusserung das letzte Ergebniss einer uncentralisierten Vielheit von Komponenten wäre; aber die innere Erfahrung bietet uns die Thatsache einer Einheit des Bewusstseins als den dritten nicht zu überwältigenden Grund dar, auf welchem allerdings die Ueberzeugung von der Selbständigkeit eines Seelenwesens in einer sogleich auszuführenden Weise sicher beruhen kann".

Denn unabweisbar sei, so führt Lotze weiter aus [1]), die Einheit des Bewusstseins. Jede Vergleichung zweier Vorstellungen, die damit ende, ihre Inhalte gleich oder ungleich zu finden, setze die völlig unteilbare Einheit dessen voraus, das diese Thätigkeit ausführe. Dasselbe müsse es gewesen sein, das zuerst die Vorstellung des a fasste, dann die des b, und das zugleich sich der Art und der Weite der Differenz bewusst werde, die zwischen beiden bestehe. Allerdings! Gewiss wird durch diese Thatsache die Einheit des Bewusstseins-Subjektes bewiesen, welches die beiden Vorstellungen gehabt hat. Aber mit welchem Rechte nennt Lotze diese Einheit eine „unteilbare"? Auch der Organismus ist ja Einer,

---

1) Met. p. 477.

und doch zerfällt er nach dem Tode in unzählige Atome. Freilich was Lotze gegen diejenigen sagt, welche die Einheit des Bewusstseins als eine resultierende Bewegung aus dem Zusammenwirken vieler Komponenten herleiten, muss jeder billigen. Sowie immer die aus dem Zusammenwirken zweier oder mehrerer Bewegungen resultirende Bewegung die Bewegung Eines Elements oder Elementenkomplexes ist, so wäre immer Ein Bewusstseins-Subjekt nötig, in dem das Zusammenwirken vieler Komponenten sich kombinierte. Aber könnte nicht die Einheit des Bewusstseins-Subjektes ebenso eine eigenartige Vereinigung vieler Bewusstseins-Subjekte sein (die dann natürlich ihre Selbständigkeit in dieser Vereinigung einbüssten) wie die Einheit des Organismus eine eigenartige Vereinigung vieler Körperelemente ist". — Ferner aber, wenn unbestreitbar das Bewusstseins-Subjekt, welches die Vorstellung a und die Vorstellung b hat und beide als seine Vorstellungen mit einander vergleicht, Ein Bewusstseins-Subjekt ist, wie steht es mit der Einheit des Bewusstseins-Subjektes eines Menschen, der im Schlafe geträumt, gesprochen, Handlungen ausgeführt hat, deren er sich nach dem Erwachen nicht als der Seinigen bewusst ist, auch nicht bewusst wird, obwohl man ihn daran erinnert, ihm sagt, was er gesprochen und gethan hat? Da scheint doch das Bewusstseins-Subjekt des Träumenden ein anderes zu sein als das des Wachenden. Wie solche Vorgänge zu erklären seien, darüber wage ich keine Behauptung, wie auch meine Erklärung des Todes des Bewusstseins-Subjektes keinen Anspruch darauf macht, das Richtige getroffen zu haben, aber die „unteilbare" Einheit der Seele ist von Lotze nicht bewiesen, und gar nicht in Angriff genommen sehe ich einen Beweis für die „Selbständigkeit" der Seele d. i. für eine Existenz derselben ohne ihren Körper. Allerdings dürfte dieser Beweis unmöglich sein. Bisher ist er jedenfalls noch nicht geliefert. Denn alle Erzählungen einzelner angeblich bevorzugter Menschen von gehabten Erscheinungen „abgeschiedener Seelen" werden wir mit Kant[1]) auf krankhafte Zustände des Gehirns und der Nerven des Betreffenden, der die Erscheinung hatte, zurückführen. So lange wir daher unsere eigene Seele nur im Zusammen mit unserem Leibe kennen und keine Seele sich uns als ohne Leib existierend bewiesen hat, so lange werden wir die „Selbständigkeit" der Seele anzweifeln müssen.

Bisher haben wir als Bestimmtheiten der Seele die Unräumlichkeit, die Einheitlichkeit und das Vorstellen Fühlen Wollen. In der letzteren Bestimmtheit, dass nemlich die Seele vorstellt fühlt will, besteht ihr Wirken und Leiden, das wodurch sie Substanz ist. Diese Wirkungen und Leiden der Seele sind (und diese Bestimmtheit ist dem Begriffe der Seele hinzuzufügen) nach Lotze, dem wir hierin vollständig beistimmen, festen Gesetzen unterworfen. „So lange psychisches Leben in unzähligen Beispielen nach denselben allgemeinen Mustern sich verwirklicht, und so lange in jeder einzelnen Seele dieselben Vorgänge sich zu unzähligen Malen wiederholen, so lange kann ein allgemeingesetzlicher Zusammenhang nicht in Abrede gestellt werden, nach welchem auch hier gleiche Bedingungen gleiche Erfolge und gleiche Veränderungen jener auch gleiche Veränderungen dieser nach sich ziehen".[2])

Noch eine andere Bestimmtheit fügt Lotze mit Recht dem Begriff der Seele hinzu, dass sie nemlich in Wechselwirkung mit ihrem Leibe steht[3]), und dass das Wirken der Seele auf die sogenannte Aussenwelt sowie ihr Leiden von derselben an die Vermittlung durch „ihren" Leib gebunden ist.

Die Möglichkeit eines nicht an die Vermittelung des Leibes gebundenen Rapports der Seelen unter einander will Lotze zwar nicht bestreiten, behauptet sie aber auch nicht,

---
1) Träume eines Geistersehers (Kirchmann) p. 88 ff.
2) Met. p. 491.
3) ebendas.

sondern nimmt einen skeptischen Standpunkt ein[1]). Wir müssen nach unserer Ansicht über das notwendige Zusammen der Seele mit einem Leibe folgerichtig jene Möglichkeit durchaus bestreiten.

Es ist demnach die Seele ein immaterielles einheitliches Seiendes, welches Vorstellungen Gefühle Wollungen hat, deren Veränderungen sich nach bestimmten Gesetzen vollziehen; ein Seiendes, welches in notwendigem Zusammen und in Wechselwirkung nur mit Einem Körper steht, durch dessen Vermittlung sie Wirkungen von der übrigen Welt erfährt und auf dieselbe ausübt, welcher Körper deswegen „ihr" Leib genannt wird.

In der „empirischen" Psychologie, zu welcher wir nunmehr übergehen, finden wir Lotze wiederum als Gegner Herbarts. Allerdings giebt Lotze zu[2]), dass Herbart, wie auch heute noch allgemein anerkannt wird, hier unstreitige Verdienste habe; doch findet er vielfach Veranlassung, gegen die Uebertreibung und falsche Durchführung einer an sich berechtigten Forderung seitens Herbart Widerspruch zu erheben.

Vor Herbart glaubte die Wolffische und weitergebildete Wolffische Psychologie, genug zur Erklärung der psychischen Erscheinungen geleistet zu haben, wenn sie dieselben nach den zu Tage getretenen Unterschiedenheiten einteilte, benannte und für jede der so gewonnenen Klassen ein Seelenvermögen als die diese bestimmten seelischen Erscheinungen ausübende Kraft annahm. So unterschied man Vorstellungs-, Gefühls- und Begehrungsvermögen, mit welcher Einteilung sich die in obere und niedere Seelenvermögen kreuzte. Im Vorstellungsvermögen hatte man sodann als Unterarten die Sinnlichkeit, Einbildungskraft, Gedächtniss, Verstand, Urteils-

---

1) Med. Psych. p. 83.
2) Met. p. 535.

kraft, Vernunft. Im Gefühlsvermögen die sinnlichen Gefühle der Lust und Unlust, die ästhetischen und die moralischen Gefühle nebst den entsprechenden Vermögen. Im Begehrungsvermögen die sinnlichen Begierden und Triebe, das verständige und vernünftige Wollen u. s. w.[1])

Angesichts solcher Erklärungsart der psychischen Erscheinungen wies Herbart darauf hin, dass durch diese Hypostasirung oberster Gattungsbegriffe derselben für ihre Erkenntniss gar nichts gewonnen sei, dass diese Seelenvermögen bei der Erklärung der speciellen Unterschiede der einzelnen Erscheinungen den Dienst versagten, dass durch sie die Thatsachen des Seelenlebens auseinander gerissen würden, und so das einheitliche Band verschwinde, durch welches sie doch erfahrungsgemäss alle verbunden seien; ja dass es den Anschein gewinne, als seien diese Vermögen in einem bellum omnium contra omnes begriffen. Wo bleibe da die Einheit der Seele? Und die Zahl der angenommenen Vermögen vergrössere sich ohne Unterlass und verdränge diese Einheit immer weiter. „Unseres Wissens hat die bisherige, auch die neuere und neueste Psychologie, durchaus nichts anderes geleistet, als immer neue, vergrösserte, schärfer gezeichnete Spaltungen und Gegensätze unter den vermeinten Seelenkräften".[2])

Dieser immer wachsenden Verirrung will Herbart ein Ende machen, indem er alle sogenannten Seelenvermögen verneint und die Mannigfaltigkeit des psychischen Geschehens auf Ein Ursprüngliches zurückführt. Für ursprünglich aber hält Herbart nur die einfache Vorstellung d. i. Wahrnehmung einer Sinnesqualität. „Die Selbsterhaltungen der Seele sind Vorstellungen, und zwar einfache Vorstellungen, weil der Akt der Selbsterhaltung einfach ist wie das Wesen, das sich er-

---

1) Lehrb. § 55 f.
2) Psych. I p. 217.

hält". [1] — „Man fasse den Satz (von den einander widerstehenden Vorstellungen) so einfach als möglich" und denke nicht an „zusammengesetzte Vorstellungen, nicht an solche, die irgend ein Ding mit mehreren Merkmalen, oder etwas Zeitliches und Räumliches bezeichnen, sondern an ganz einfache: rot, blau, sauer, süss". [2] Diese einfachen Vorstellungen sind einander entweder entgegengesetzt, wie immer alle Qualitäten desselben Qualitätskreises z. B. rot und blau, sauer und süss, oder nicht entgegengesetzt, wie die Qualitäten verschiedener Qualitätskreise z. B. rot und süss)[3]. Letztere complicieren sich, die entgegesetzten hemmen einander, worauf ihre zurückbleibenden Reste mit einander verschmelzen. Komplexionen sind z. B. die Dinge mit mehreren Merkmalen. Unter den Verschmelzungen merkwürdig sind einerseits diejenigen, welche ein ästhetisches Verhältniss in sich fassen, andererseits diejenigen, welche Reihenfolgen bilden, worin die Reihenformen ihren Ursprung haben.

Von diesen Reihenformen sind die wichtigsten, uns hier am meisten interessierenden Raum und Zeit.

Warum die räumliche Bestimmtheit nicht ebenso ursprünglicher Bewusstseinsinhalt sein könne wie die qualitative, beweist Herbart folgendermassen: [4] „Die ursprüngliche Auffassung des Auges kann nicht räumlich sein. Denn die Wahrnehmungen aller farbigen Stellen fallen in die Einheit der Seele zusammen, und hierbei geht von dem Oben und Unten, Rechts und Links u. s. w., welches auf der Netzhaut stattfand, jede Spur verloren. Dasselbe gilt vom Tasten mit der Zunge und den Händen". Natürlich auch von den übrigen Arten des Wahrnehmens.

Die Raumanschauung entsteht nun nach Herbart auf

---

1) Lehrb. § 155.
2) Lehrb. § 10.
3) Lehrb. § 22.
4) Lehrb. § 173. vgl. Psych. § 111.

folgende Weise: infolge der Hemmung entgegengesetzter Vorstellungen und der Verschmelzung der zurückgebliebenen Reste derselben habe ich eine Reihe gebildet, etwa a b c d. Dieselbe wird immer in derselben Ordnung reproduciert werden nach den für die Reproduktion gültigen Gesetzen. Wenn nun in der sinnlichen Wahrnehmung sich dieselbe Reihe oder vielmehr dass statt derselben zu denkende Kontinuum nach allen möglichen Versetzungen abändern könnte (wie in acbd.adbc u. s. w) so würde jedesmal aus der wahrgenommenen Reihe auch eine neue Reproduktionsfolge entstehen; dadurch aber würden sich die Gesetze für die Reproduktion dergestalt verwickeln, dass keine merkliche Ordnung mehr übrig bleibe. Wenn dagegen die sinnliche Wahrnehmung zwar bc in cb und abcd in dcba verkehre, niemals aber das Zwischen für irgend eine Vorstellung und ihre benachbarten ändere, und die Reihe der Wahrnehmungen bald hier bald dort beginnen könne, die Reihe also ohne bestimmten Anfangspunkt sei, so ergebe das hieraus entspringende Reproduktionsgesetz ein räumliches Vorstellen [1]).

Habe aber die Reihe keinen Anfangspunkt und laufe die Wahrnehmungsfolge ohne Umkehrung stets nach einer Richtung, so könne auch die Reproduktion nur diese Eine Richtung nehmen. Werde nun, während die Wahrnehmung bei d sei, zugleich a reproduciert, so laufe von da die Reihe a b c d ab. Die nämliche Reihe aber werde von d nach einem andern Gesetz im Bewusstsein festgehalten (insofern nemlich d mit c b a in abgestufter Stärke verschmolzen ist). Auf diese Weise entstehe das Vorstellen des Zeitlichen [2]).

Lotze bestreitet, dass auf diese Weise das Entstehen der Raumanschauung erklärt sei [3]). „Die Anschauung des Rau-

---

1) Lehrb. § 169. Psychol. § 111.
2) Lehrb. § 171.
3) Met. p. 536 und p. 236 ff.

mes mit der Mannigfaltigkeit ihrer inneren Verhältnisse steht uns als ein gegebener Gegenstand innerer Erfahrung gegenüber, den wir, wenn er uns so nicht gegeben wäre, aus einer logischen Verknüpfung unräumlicher ja selbst räumlicher Elemente niemals würden machen können". [1])

Aus diesen Worten der Metaphysik möchte man schliessen, dass Lotze die räumlichen Bestimmtheiten für ebenso ursprünglich wie die qualitativen und mit diesen zugleich in ein und demselben Bewusstseinsakt durch die Sinneswahrnehmung gegeben ansehe. Dies ist aber nicht der Fall. Lotze hält es mit Herbart für notwendig [2]), anzunehmen, dass auch dann, wenn wirklich die äussern Dinge in einer räumlichen Ordnung befindlich seien, ihre Einflüsse auf uns doch zunächst nur eine Mannigfaltigkeit von an sich unräumlichen „einfachen" Empfindungen hervorrufen könnten, und dass die wahrgenommene räumliche Anordnung dieser Empfindungen gänzlich von Neuem durch die Seele rekonstruirt werden müsse. Als falsch jedoch bezeichnet Lotze die Herbartische Deduktion des Raumes, dass nemlich die „Wiedererzeugung" des Raumes auf Grund der abgestuften Verschmelzungen der Vorstellungen erfolge. Schon gegen diejenige Behauptung Herbarts erhebt Lotze Einspruch, dass das ruhende Auge keinen Raum sehe [3]), sondern dass nur das sich hin- und herbewegende ihn erzeuge. In jedem Augenblicke, sagt Lotze, übersehe auch das ruhende Auge sogleich ein ausgedehntes Sehfeld und finde in ihm die Gegenstände in ihren respektiven Lagen, ohne dass es der mindesten Bewegung bedürfe, um etwa den Totaleffekt der äusseren Reize, der in einer intensiven unräumlichen Vorstellung bestände,

---

1) Met. p. 242.
2) Seele und Seelenleben kl. S. II p. 57 ff. vgl. Med. Ps. § 16 p. 180 ursprünglich ist „die einfache Empfindung d. i. das bewusste Empfinden einer einfachen Sinnesqualität".
3) Herb. Psych. II § 111. p. 120. Lehrb. § 173.

durch jene abgestufte Verschmelzungen und ihre Summation zu rekonstruieren. Herbarts Behauptung daher, dass durch die erste unmittelbare Wahrnehmung nur Sinnesqualitäten ohne räumliche Bestimmtheit gegeben seien, durch das Auge z. B. nur einzelne Punkte, fusse auf keiner Erfahrung [1]). Und selbst, wenn sie der Wahrheit entspräche, so würde doch durch die Herbartische Theorie die räumliche Anschauung nicht erklärt werden. Denn auch in anderen Reihen z. B. in der Tonreihe der Skala zeigten sich dieselben Verhältnisse, die abgestuften Verschmelzungen und die Möglichkeit der Umkehrung, ohne dass die einzelnen Tonvorstellungen sich zu einem Raumgebilde vereinigten. Vielmehr werde man die Raumanschauung als eine neue und eigentümliche Form der Auffassung ansehen müssen, die aus dem Wesen der Seele als eine Rückwirkung derselben gegen ihre eigenen Zustände zu einer bestimmten Mannigfaltigkeit der Eindrücke hinzukomme, aber nicht von selbst aus dieser Mannigfaltigkeit hervorgehe [2]).

Mit dieser Behauptung und dem durch sie notwendig werdenden Versuch einer Raumdeduktion stellt sich Lotze in Gegensatz zu sich selbst. Denn einerseits nimmt er die räumlichen Bestimmtheiten als ursprüngliches d. i. nicht weiter erklärbares Seelengegebenes an, wie sich ausser der oben (S. 62/63) angezogenen Stelle noch aus einigen andern erhärten lässt; so giebt er Met. p. 231 zu, dass die Frage worauf es beruhe, dass die Seele die mannigfaltigen Eindrücke, welche sie von den Dingen empfange, und welche zunächst nur unräumliche Zustände ihres eigenen Leidens sein könnten, überhaupt unter der Form eines räumlichen Nebeneinander anzusehen genötigt sei, ebenso unbeantwortbar sei als die andere, wodurch es geschehe, dass die Seele die Einwirkungen,

---

1) kl. S. II p. 58.
2) Met. p. 536.

welche sie durch Licht und Schallschwingungen unter der Vermittelung der Sinne erfahre, in der Form von Leuchten und Klingen zum Bewusstsein bringe; und in „Seele und Seelenleben" erklärt er¹), dass alles, was die bestimmte Lokalisation der Empfindungen bedinge, eine „Geschichte sei, die vor dem Bewusstsein sich ereigne gleich demjenigen, wodurch die Empfindung, das Wahrnehmen der Qualität bedingt sei", wodurch doch unzweideutig die Lokalisation der qualitativen Bestimmtheiten als ursprüngliches Bewusstseins-Gegebenes gleich den Qualitäten bezeichnet ist. — Andrerseits aber erkennt Lotze²) nur die einfache Empfindung als ursprünglich an, erklärt damit die räumlichen Bestimmtheiten für secundäres Bewusstseins-Gegebenes, das als Rückwirkung der Seele gegen ihre eigenen Zustände zu einer bestimmten Mannigfaltigkeit der Eindrücke hinzukomme (s. oben S. 64), und unternimmt in Konsequenz dieser letzteren Behauptungen den Versuch zu erklären, auf welche Art die Raumbestimmtheit zu den „Empfindungen" hinzutrete.

Metaphysische Voraussetzug ist: Die Raumanschauung ist subjektiv. Die Raumbestimmtheiten sind nur Schein, sind nur eine Uebertragung der Wirkungen der absoluten Idee und der Wechselwirkungen der Teilgedanken, nach Lotze's Worten: „jener wahren intelligiblen Verhältnisse der Dinge"³) in die Zeichen unserer Bewusstseins-Welt. „Die Redensart (dass ein Element an einem Punkte des Raumes sei) hat keinen Sinn für die Vorstellung von einem wirklichen Raume, zu dem die Dinge in Verhältniss träten; sie sind nicht erst an einem Orte und wirken demgemäss, sondern nach der Art und dem Masse ihrer schon geschehenden Wechselwirkungen nehmen sie in der Raumanschauung eines

---

1) kl. S. II p. 61.
2) s. oben S. 63 mit Anm. 2.
3) Met. p 544.

Bewusstseins — versteht sich mit allen Bestimmtheiten des Räumlichen — die Orte ein, an denen sie sich uns ursprünglich zu befinden scheinen". [1])

Wie kommt nun diese subjektive Raumanschauung zu Stande? Lotze behauptet: [2]) in dem Augenblick, wo die durch Sinnesreize veranlassten Erregungen der Nerven durch entsprechende Sinnesqualitäten in der Seele ausgelöst werden, müssen alle jene geometrischen Relationen, die zwischen den ankommenden Sinnesreizen und den durch sie veranlassten Nervenerregungen bestehen, völlig zu Grunde gehen, da der Einheitspunkt der Seele ihrer Entfaltung keinen Platz mehr biete.

Diese Behauptung Lotzes hätte nur dann Sinn, wenn entweder die Seele ein Raumpunkt wäre, in dem natürlich geometrische Relationen keinen Platz haben würden; oder wenn bei der „Auslösung" der Nervenerregungen die qualitative Bestimmtheit jedes Raumatomes selbständig, getrennt von denen der übrigen, von denen zu gleicher Zeit Reize die Sinnesorgane getroffen haben und durch diese weitergeleitet in Bewusst-Seiendes ausgelöst sind, zum Bewusstsein kämen, und in der Seele diese vielen selbständigen qualitativen Bestimmtheiten vorläufig aufbewahrt würden zu nachträglicher Verbindung in räumlichen Verhältnissen. Da nemlich die Seele als unräumliches Wesen kein Rechts oder Links, Oben oder Unten u. s. w. haben kann und also den qualitativen Bestimmtheiten keinen Platz anweisen könnte, so müssten alle angekommenen Qualitäten ohne Raumunterscheidung derselben gehabt werden. Und „aus diesem völlig unräumlichen Beisammensein, in welchem die einzelnen nur durch ihren qualitativen Inhalt sich unterscheiden, ähnlich den gleichzeitigen Tönen eines Akkordes, die gesondert zu-

---

1) Met. p. 384.
2) Met. p. 547.

gleich und doch nicht räumlich neben einander gehört werden, aus diesem Beisammensein müsste die Seele völlig von neuem das zu Grunde gegangene Bild wieder erzeugen, und mithin im Stande sein, jedem einzelnen Eindruck die relative Lage anzuweisen die er in diesem Bilde neben den übrigen einzunehmen hat". [1]

Nun aber ist weder der erste der gesetzten Fälle wirklich noch der zweite, vielmehr erkennt Lotze selbst durch seine Deduktion des Raumes indirekt und unbewusst die Erfahrungsthatsache an, dass keine qualitative Bestimmtheit ohne räumliche, sondern immer beide zusammen wahrgenommen werden.

Denn wie erzeugt die Seele aus dem völlig unräumlichen Beisammensein, in welchem die einzelnen „Eindrücke" d. h. qualitativen Bestimmtheiten nur durch ihren qualitativen Inhalt sich unterscheiden, von Neuem das zugrundegegangene Bild? Soll diese Neuerung nicht eine willkürliche Schöpfung der Seele, sondern eine Wiedergabe des zugrundegegangenen Raumbildes sein, so muss die neuerzeugende Seele dieses kennen oder aus irgend welchen Anzeichen erschliessen können. Das sagt sich auch Lotze und, wie bei einer transportierten Sammlung die den einzelnen Stücken aufgeklebten Nummern als Merkzeichen benutzt werden, um allen Stücken dieselbe Stelle zu geben, die sie früher in der Sammlung einnahmen, so werden, meint Lotze [2], auch die einzelnen qualitativen Bestimmtheiten ein Merkzeichen für die Seele enthalten, nach dem ihnen ein Platz anzuweisen sei. Lotze nimmt daher an, dass gleiche Sinnesreize in verschiedenen Nervenfasern einen verschiedenen Nebeneindruck erzeugen, der sich mit dem von der Qualität des Reizes abhängigen Haupteindruck in der Weise einer Association d. i. so ver-

---

1) Met. p. 547.
2) Met. p. 548.

bindet, dass keiner von beiden die eigentümliche Natur und Färbung des andern stört. Worauf nun diese Verschiedenheit des Nebeneindrucks beruhe, könne dahin gestellt bleiben. Diese Nebeneindrücke nennt Lotze Lokalzeichen, und nach diesen Lokalzeichen soll die Seele die räumliche Anordnung der qualitativen Bestimmtheiten treffen. „Bezeichnen wir mit A B C drei verschiedenartige Reize, mit p q r drei verschiedenartige Stellen eines Sinnesorgans, mit π $\varkappa$ ρ die drei specifischen Nebeneindrücke, welche jene Stellen an die durch A B C veranlassten Hauptempfindungen knüpfen, so würde die Verschiedenheit jener angeknüpften Lokalzeichen π $\varkappa$ ρ der Leitfaden sein, nach welchem die auf p q r fallenden Empfindungen in unserer Raumanschauung dislocirt werden können (nicht müssen?)". [1]

Damit kehrt denn glücklicherweise Lotze, freilich ohne es zu merken, zu der natürlichen durch die Erfahrung gebotenen Annahme zurück, die er ja auch selbst an einigen Stellen ausgesprochen hat, dass nemlich die räumlichen Bestimmtheiten ebenso ursprünglich seien als die qualitativen Bestimmtheiten. Denn die Lokalzeichen müssen doch der Seele bewusst sein, wenn sie danach die räumliche Anordnung der Qualitäten treffen soll; und Sinnesqualitäten, die von dem Bewusstsein als mit Lokalzeichen verbunden vorgestellt werden, nun die sind eben räumlich bestimmt. Freilich sollen die Lokalzeichen nur qualitativ verschieden, also überhaupt nur „qualitativ" sein [2]. Aber dem ist zu entgegnen, dass wir durch unsere innere Erfahrung keinen Bewusstseinsakt kennen, durch den Qualitäten, welche zunächst ohne räumliche Bestimmtheiten wahrgenommen waren, auf Grund einer mit der Hauptqualität associierten Qualität räumlich geordnet würden, sondern in der ursprünglichen Wahr-

---

1) Met. p. 550.
2) Met. p. 571 § 290.

nehmung hat jede Sinnesqualität sogleich mit sich verbunden ein eigentliches „Lokal"-Zeichen d. i. räumliche Bestimmtheit. Soll aber etwa der Vorgang der Neuerzeugung des Raumes ein unbewusster sein, so erhalten wir den Begriff des unbewussten Bewusstseins, der eine contradictio in adjecto enthält und deshalb wissenschaftlich nicht zu verwerten ist.

Alle Schwierigkeiten, die man bisher bei der Erklärung der Raumanschauung gefunden hat, verschwinden, wenn wir die Raumbestimmtheiten als in der ursprünglichen Wahrnehmung mitgegeben annehmen, wie die Erfahrung sie zeigt [1]), so dass uns als ursprünglichstes Erkenntniss-Element in der Sinnenwahrnehmung ein Zusammen von mindestens qualitativen und räumlichen Bestimmtheiten gegeben wäre. Zweifelhaft scheint mir nemlich, ob mit jenen zugleich auch die zeitliche Bestimmtheit, wie von mehreren Psychologen angenommen wird [2]), schon in der Wahrnehmung gegeben sei. Denn zeitlich bestimmt heisst uns doch ein Gegebenes nur dann, wenn wir es zu einem Früher oder Später, mindestens aber zu Einem von diesen beiden in Gegensatz gestellt haben. Es muss also das Bewusstsein, wenn es eine Vorstellung oder allgemeiner gesprochen ein Bewusstseins-Gegebenes zeitlich bestimmt, mit diesem zusammen mindestens noch ein Bewusstseins-Gegebenes haben, zu dem es sie als einem Früher oder Später in Gegensatz stellt. Dies scheint mir aber bei dem unmittelbaren Eindruck nicht der Fall zu sein. Nicht bei jeder Wahrnehmung bin ich mir bewusst, dass ich sie später oder früher als eine andere habe. Dies Bewusstsein tritt erst hinzu, wenn ich sie mit wenigstens einer Vorstellung zusammen habe und beide in Beziehung setze. Auch beim „Vorstellen", dem Reproducieren früherer Wahrneh-

---

1) vgl. Schuppe § 48 ff. die Unterscheidung der Bestandteile des Gegebenen.
2) vgl. Schuppe § 48 p. 165 ff.

mungen kann ich der zeitlichen Bestimmtheit einer Vorstellung unbewusst bleiben, wiewohl seltener als der zeitlichen Bestimmtheit einer Wahrnehmung. Zeitlich fixiert habe ich auch die Vorstellung erst, wenn ich sie mit einer oder mehreren anderen Vorstellungen (oder Wahrnehmungen) zugleich im Bewusstsein habe. Daher scheint mir der Kern in der Herbartischen Erklärung der Zeitvorstellung richtig zu sein, dass nemlich unser Ich die zeitliche Bestimmtheit nicht einem einzelnen Gegebenen beilegt, sondern erst nachdem es mit anderem Gegebenen verschmolzen (ihm associiert) und mit ihm in Beziehung gesetzt ist.

Etwas Aehnliches wird auch Lotze, der übrigens auf die Herbartische Deduktion nicht Bezug nimmt, und dessen Erörterung über den Zeitbegriff als hauptsächlich metaphysischen Inhalts nicht in den Rahmen unserer Betrachtung fällt, gemeint haben, wenn er sagt[1]), „sobald wir irgend eine Zeitbestimmung vorstellen oder aussprechen z. B. a sei früher als b, so kann hier nicht blos b auf a in unserem Bewusstsein gefolgt sein, sondern damit die Vergleichung beider und das Resultat, a sei früher als b, entstehen konnte, war ein Moment ganz unentbehrlich, in welchem unser Vorstellen zeitlos auf einmal das Bild des a sowie das des b und zugleich den Gedanken des Verhältnisses zwischen beiden in Einem, ganz unteilbaren Akte vereinigte, so dass die einzelnen Teile dieses vereinigten Inhaltes eben erst für dies auf sie gerichtete Vorstellen die Form eines Früheren oder Späteren, also zeitliche Formen überhaupt annahmen".

Bisher handelte es sich in dem empirisch-psychologischen Teil unserer Betrachtung um die Entstehungsart der qualitativ, räumlich und zeitlich bestimmten Wahrnehmung Wir fanden, dass Herbart als ursprüngliches Bewusstseins-Gegebenes nur die einfachen Sinnesqualitäten anerkannte und die Vor-

---

[1]) Grundzüge der Metaphysik p. 62.

stellung des räumlich und zeitlich bestimmten Dinges mit mehreren Merkmalen durch eine Komplexion von Qualitäten verschiedener Qualitätskreise und durch Verschmelzungen (Associationen) von Qualitäten derselben Qualitätskreise entstanden sein liess; dass auch Lotze trotz seines richtigen Ansatzes nicht dahin gelangte, die räumliche Bestimmtheit als ebenso ursprünglich wie die qualitative zu erkennen, als mit dieser zugleich gegeben also, wie wir auf Grund der Erfahrung feststellten, während wir zugestehen mussten, dass die zeitliche Bestimmtheit als secundäres Bewusstseins-Gegebenes zu der qualitativ und räumlich bestimmten Dingvorstellung hinzukomme.

Die weiteren Bewusstseinserscheinungen, die wir unter den Gattungsnamen der Gefühle und Wollungen zusammenfassen, führt Herbart insgesamt auf die Wechselwirkung der Vorstellungen, auf ihre gegenseitige Hemmung[1]) und ihr Streben sich gegen die Hemmung zu erhalten resp. wiederherzustellen[2]), zurück. „Fühlen und Begehren, sagt er, sind zunächst Zustände der Vorstellungen"; [3]) und zwar sollen Gefühle und Begierden auf folgende Weise entstehen: wenn eine Komplexion $a + \alpha$ d. h. etwa die Vorstellung eines Dinges mit mehreren Merkmalen reproduciert werde vermittelst einer neuen Wahrnehmung, die dem a also dem Einen Merkmal jener Vorstellung gleichartig sei, im Bewusstsein aber eine andere den übrigen Merkmalen α „entgegengesetzte" Vorstellung β antreffe, durch die sie gehemmt werde, so werde diese Vorstellung, zugleich hervorgetrieben und zurückgehalten, der „Sitz" eines unangenehmen Gefühls, und dieses Gefühl könne in Begierde übergehen (nach dem durch diese Vorstellung vorgestellten Objekte), wofern die Hemmung durch

---

1) vgl. oben S. 61.
2) Lehrb. § 11.
3) Lehrb. § 33.

die entgegengesetzten Vorstellungen β schwächer sei als die Kraft, mit welcher die Vorstellung hervortrete [1]). Umgekehrt werde eine Vorstellung Sitz eines Lustgefühls, wenn ihr Hervortreten durch mehrere Ursachen begünstigt werde.

Danach hätten wir Gefühle der Lust und Unlust nur als Begleit- oder Folgeerscheinungen begünstigter bzw. erschwerter Reproduktion der Vorstellungen. Begehren aber entstände nur auf Grund eines Unlustgefühls, wie dies Herbart auch nicht nur in dem „Lehrbuch" sondern noch in der „Psychologie" annimmt: [2]) „Die einfache Begierde ist nichts anderes als eine Vorstellung, die wider eine Hemmung aufstrebt. Hiebei wird aber vorausgesetzt, dass noch irgend eine andere Kraft im Spiele sei; weil sonst auf die Hemmung ein Sinken erfolgen müsste. Natürlich ist diese Kraft eine das Hervortreten der gegen die Hemmung anstrebenden Vorstellung begünstigende andere Vorstellung. Der Druck und Gegendruck aber versuchen nach Obigem ein unangenehmes Gefühl und dieses Gefühl soll eben, sofern die Reproduktion mit Hülfe der „andern Kraft" trotz der Hemmung wirklich erfolgt, in Begierde übergehen.

Diese Herbartische Erklärung der Bewusstseins-Erscheinungen Fühlen und Wollen erachtet Lotze nicht als eine richtige. Schon gegen Herbarts grundlegende Behauptung, dass entgegengesetzte Vorstellungen nach dem Mass ihrer Stärke und ihres Gegensatzes einander hemmen, erhebt er Einwendungen [3]). Entweder, sagt er [4]), könne man die Begriffe des Gegensatzes und der veränderlichen Stärke auf den Inhalt anzuwenden suchen, auf den die vorstellende oder

---

1) Lehrb. § 36.
2) § 150.
3) „Seele und Seelenleben" unter dem Abschnitt „Vom Verlaufe der Vorstellungen" kl. S. II 100 ff und Met. „die Empfindungen und der Vorstellungsverlauf" p. 519 ff.
4) Met. p. 519.

empfindende Thätigkeit sich richtet, oder auf diese Thätigkeit selbst. Nun könne er zunächst in der inneren Beobachtung nichts finden, das eine Hemmung der Vorstellung nach Massgabe ihres Inhalts bezeugte. Freilich eine gleichzeitige Empfindung entgegengesetzter Inhalte durch dasselbe Nervenelement halte er für unmöglich; aber das sei nicht richtig, dass die Vorstellung des Positiven und der Bejahung die des Negativen und der Verneinung vorzugsweise verdrängte; im Gegenteil würde jede Möglichkeit einer Vergleichung des Entgegengesetzten die Nichthemmung beider Vergleichungsglieder einschliessen. — Wendeten wir aber den Gegensatz auf die vorstellende Thätigkeit an, so sei freilich selbstverständlich, dass zwei Akte dieser Vorstellungsthätigkeit, sofern sie in Bezug auf das Wirken entgegengesetzt seien, einander aufheben würden; aber dieser Satz sei zugleich ganz fruchtlos; denn wir hätten gar kein Recht zu der Voraussetzung, die Vorstellung zweier entgegengesetzter Inhalte beruhten auf einem Gegensatze der vorstellenden Thätigkeiten in Bezug auf ihre Wirkungsweise. — Wir wüssten also gar nicht, wo wir solche Gegensätze von mechanischem Werte hernehmen sollten.

Ich meine, Lotze hat in diesem Punkte die Herbartische Theorie nicht richtig verstanden. Herbart lässt gar keinen Raum zu der Vermutung, der die Hemmung veranlassende Gegensatz könnte in der vorstellenden Thätigkeit liegen, wie es Lotze auffasst. Die einfachen Vorstellungen rot und blau, sauer und süss sind einander entgegengesetzt[1]), und die einander entgegengesetzten Inhalte der Vorstellungen hemmen das Vorstellen derselben. Sofern nun freilich der Inhalt nicht dasein kann, ohne vorgestellt zu werden, so sind rücksichtlich ihres Inhalts auch die Vorstellungs-Thätigkeiten ent-

---

1) Lehrb. § 10.

gegengesetzt, aber nicht „in Bezug auf ihre Wirkungsweise", denn diese ist immer die des Vorstellens.

Wenn aber Lotze in der innern Beobachtung nichts finden kann, das eine Hemmung entgegengesetzter Vorstellungen nach Massgabe ihres Inhaltsgegensatzes bezeuge, so liegt der Grund darin, dass er den Begriff des Gegensatzes anders fasst als Herbart. Lotze versteht unter Gegensatz offenbar Bejahung und Verneinung desselben Merkmals in Bezug auf zwei Begriffe. Das muss man aus seinen Worten schliessen: „ich wüsste nicht, dass die Vorstellung des Positiven und der Bejahung die des Negativen und der Verneinung vorzugsweise verdrängte; im Gegenteil würde jede Möglichkeit einer Vergleichung des Entgegengesetzten die Nichthemmung beider Vergleichungsglieder einschliessen" Herbart fasst Gegensatz der Vorstellungen als Verschiedenheit derselben innerhalb desselben Qualitätskreises[1]); als entgegengesetzte Vorstellungen werden angeführt: rot blau, sauer süss und als nicht entgegengesetzte[2]) Ton und Farbe, also Qualitäten, die nicht demselben Qualitätskreise angehören.

Trotzdem wir aber somit den Einwürfen Lotzes nicht beipflichten können, so vermögen wir doch auch Herbart nicht beizustimmen. Denn die Erfahrung lehrt unwiderleglich, dass „entgegengesetzte Vorstellungen" z. B. mehrere verschiedene Farben zu gleicher Zeit mit derselben Klarheit oder gar noch deutlicher wahrgenommen werden können als Eine allein wahrgenommene. Die Behauptung Herbarts kann also nicht richtig sein. Andrerseits steht doch wieder fest, dass wenn man mehrere Wahrnehmungen oder Wahrnehmungen und Vorstellungen zugleich hat, diese nicht mit derselben Klarheit bewusst sind, als wenn das Bewusstsein sie allein hat. Demnach wird der Fehler Herbarts darin liegen,

---

1) vgl. Lehrb. § 10.
2) § 22.

dass er den Begriff der „Vorstellung" nicht richtig gefasst hat. Er fasst die Vorstellung d. i. nach ihm das ursprünglichste wahrgenommene oder reproducierte Erkenntniss-Element als nur qualitative Bestimmtheit, während es uns doch unmöglich ist, eine qualitative Bestimmtheit ohne räumliche Bestimmtheit zu haben. Was nun von diesen qualitativ und räumlich, im Zusammen mit andern auch zeitlich, bestimmten Wahrnehmungs- und Vorstellungseinheiten mit Recht behauptet werden kann, dass sie sich nemlich gegenseitig hemmen, hat Herbart auf seine „einfachen Vorstellungen" übertragen, die das Bewusstsein überhaupt nicht als Fürsichgegebenes kennt.

Die Berichtigung, welche hiermit die Theorie der Hemmungen erfahren hat, fordert auch eine andere Bestimmung des Gegensatzes, der die Hemmung veranlasst. Ohne ins Einzelne zu gehen, können wir allgemein behaupten, dass Vorstellungen die sich in der Erfahrung gewöhnlich zusammen bieten, einander weniger hemmen, also weniger entgegengesetzt sind, als solche, welche ganz verschiedenen Gebieten angehörend durch Zufall oder durch die Willkür des Vorstellenden in Eine Moment-Vorstellung zusammengefasst werden.

Was die Stärke der Vorstellungen anbetrifft, von der ja nach Herbart nächst dem Grade des Gegensatzes hauptsächlich abhängt, wie viel die einzelnen Vorstellungen unter der gegenseitigen Hemmung leiden, indem sie im umgekehrten Verhältniss ihrer Stärke gehemmt werden, so bemängelt Lotze schon den Begriff der Veränderlichkeit der Stärke der Vorstellungen. „Gleiche Bedenken (wie der Begriff des Gegensatzes), sagt Lotze[1], erweckt mir der Begriff veränderlicher Stärke der Vorstellungen. Für Empfindungen eines eben einwirkenden Sinnenreizes hat es mir gleichgültig geschienen,

---

[1] Met. p. 520.

diese Unterscheidung zu machen: das Hören des stärkeren Klanges oder das Sehen des helleren Lichtes ist allemal zugleich eine grössere Thätigkeit, Erregung und Affektion und es ist nicht möglich, den lauten Donner als lauten dennoch schwach, oder das hellere Licht als helleres weniger stark zu empfinden als ein trüberes". Verschieden allerdings sei die Stärke der Vorstellung (reproducierter Wahrnehmung) von der Stärke der ursprünglichen Sinneswahrnehmung, und die Vorstellungen könnten in allen Gradabstufungen vorgestellt werden, deren ihr Inhalt fähig sei. Aber nicht sei es möglich, dass die auf den Inhalt gerichtete Vorstellungsthätigkeit dieselben Grössenveränderungen erfahre. Denselben Ton von bestimmter Höhe und Stärke könnten wir nicht noch mehr oder weniger vorstellen. Der Versuch, es zu thun, schiebe eine Veränderung des Inhalts unter. Der Begriff einer veränderlichen Stärke auf Vorstellungen bezogen treffe nur ihren Inhalt, nicht die seelische Thätigkeit, auf welche die beginnende mechanische Theorie ihn jedenfalls mit anzuwenden gedachte.

Die letzten Worte zeigen, dass Lotze hier gegen eine Auffassung des Begriffs der veränderlichen Stärke der Vorstellungen polemisirt, die er selbst nicht Herbart zuzuschreiben wagt. Natürlich kann die Veränderlichkeit der Stärke einer Vorstellung nur auf ihren Inhalt nicht auf die seelische Thätigkeit des Vorstellens bezogen werden: der Inhalt ist es, der unter der Hemmung leidet. So habe ich Herbart verstanden und ich kann in seinen Schriften keinen Anhalt für die Behauptung finden, dass er seinen Begriff der veränderlichen Stärke „jedenfalls" auf die seelische Thätigkeit des Vorstellens mit anzuwenden gedacht habe. Ein ganz klares Zeugniss dafür, dass nach Herbarts Ansicht die Stärke oder was ihm dasselbe bedeutet: Die Helligkeit des Vorstellungsinhalts unter der Hemmung zu leiden habe, lesen wir in der

Abhandlung De attentionis mensura etc.¹) „jacturam fieri scimus non a robore notionum nunquam deminuto, sed ab imaginis animo obversantis claritate". Und dass lässt sich doch auch wohl nicht bestreiten, dass der Inhalt der Wahrnehmungen und Vorstellungen wirklich in veränderlicher Klarheit und Deutlichkeit gehabt wird, und dass dies sehr häufig davon abhängt, ob eine Wahrnehmung resp. Vorstellung allein oder mit einer resp. mehreren andern zugleich im Bewusstsein ist. Dass aber der laute Donner als lauter dennoch schwach, oder das hellere Licht als helleres weniger stark empfunden würde als ein trüberes, das hat Herbart nie behauptet; sondern seine Meinung ist, wie das dem unbefangenen Leser des „Lehrbuchs" und der „Psychologie" sogleich einleuchtet, dass wenn das Bewusstsein mehr als eine Vorstellung (gleichviel ob ursprünglich oder reproduciert) hat, dass dann dieselben weniger hell und klar wahrgenommen bezw. vorgestellt werden, als wenn das Bewusstsein nur Eine von ihnen hätte; und dies wird, wie oben bemerkt, durch die Erfahrung bestätigt.

Hier mussten wir also Herbart gegen die Angriffe Lotzes verteidigen. Wenn dann aber jener die Hemmung und Verdrängung einzelner Vorstellungen aus dem Bewusstsein und das Sichbehaupten anderer in demselben, damit den höheren und niedrigeren Grad unserer Aufmerksamkeit auf verschiedene Vorstellungen in erster Linie abhängig sein lässt von ihrer Stärke, so bemerkt Lotze mit Recht²), dass erfahrungsgemäss nicht jederzeit die Vorstellung des stärkeren Inhalts die des schwächeren überwinde, dass vielmehr das Gegenteil sehr oft beobachtet werde. Es müsse also ausser der Stärke des Vorstellungsinhalts noch einen andern Faktor geben, von dem dieser Erfolg abhänge. Nun kennt allerdings Herbart

---

1) kl. S. II. p. 369.
2) Met. p. 523.

als einen solchen andern Faktor die Unterstützung, welche eine aufstrebende Vorstellung gegen eine hemmende durch eine Association erhält. Aber denjenigen Faktor, den Lotze meint, hat Herbart nicht gewürdigt: das Interesse, das sich an den Vorstellungsinhalt knüpft, worunter Lotze, dem allgemeinen Sprachgebrauch folgend, dass mit jedem sinnlichen Eindruck und seiner Reproduktion verknüpfte Lustgefühl versteht. Besonders aber findet Lotze mit Recht dies an der Herbartischen Lehre von der Aufmerksamkeit zu tadeln, dass sie behaupte, wo wir sagen, unsere Aufmerksamkeit habe sich auf die Vorstellung b gerichtet, sei nichts geschehen, als dass b durch eigene anwachsende Stärke sich im Bewusstsein über die übrigen Vorstellungen erhoben habe, dass also die Aufmerksamkeit gewissermassen eine Eigenschaft sei, zu der die Vorstellungen die Subjekte wären, während die richtige Ansicht die Aufmerksamkeit als eine von der Seele ausgeübte Thätigkeit ansehe, deren Objekte die Vorstellungen seien.

Der Gegensatz Lotzes gegen Herbart in der Lehre über die Aufmerksamkeit, indem jener dieselbe als einen Zustand und eine Thätigkeit der Seele, dieser als einen Zustand und eine Thätigkeit der Vorstellungen, auf die wir aufmerksam sind, ansieht, kehrt wieder bei der Erklärung der Gefühle und der Willenserscheinungen. Schon darin unterscheiden sie sich von einander, dass Herbart die Gefühle der Lust und Unlust, wie wir sahen, als Begleiterscheinungen eigenartiger Vorstellungsreproduktionen, also durchaus als sekundäres Bewusstseins-Gegebenes ansah, während Lotze dieselben für ursprünglich mit jeder Wahrnehmung und Vorstellung verbunden hält, insofern sie als eine Veränderung des bisherigen Zustandes der Seele dieselbe fördern oder hemmen. „Ich kann mir nicht denken, dass irgend ein sinnlicher Eindruck ursprünglich völlig gleichgültig geschehen könnte; jeder, als eine Veränderung des eben vorhandenen Zustandes, scheint mir ein Element der Lust oder Unlust erzeugen zu müssen, je nachdem er eine Ausübung möglicher Funktionen innerhalb der Grenzen veranlasst, in denen diese Ausübung den Bedingungen der Wohlfahrt und Fortdauer des Ganzen entspricht, oder Veränderungen erzeugt, die nach Form oder Grösse diesen Bedingungen widersprechen". [1])

Diese allgemeine Erwägung Lotzes wird durch die Erfahrung bestätigt. Denn ob wir auch oft meinen, es sei uns diese oder jene Wahrnehmung durchaus gleichgültig: bei genauerer Aufmerksamkeit entdecken wir doch, dass ein Gefühl der Lust oder Unlust, wenn auch noch so klein, oder beiderlei Gefühle zugleich mit der „gleichgültigen" Wahrnehmung verbunden sind.

Viel wichtiger und principieller aber als dieser ist der andere Unterschied, der in den Lehren beider Philosophen rücksichtlich der Gefühle zu constatieren ist. Nach Herbart haben die Gefühle der Lust und Unlust ihren „Sitz" in den Vorstellungen, welche durch andere Vorstellungen zugleich emporgehoben und gehemmt, zwischen den helfenden und hemmenden also „geklemmt" [2]) werden. Nach Lotze aber haben die Gefühle der Lust und Unlust ihre Ursache in der eigentümlichen Reaktion der Seele, welche eben durch diese Bestimmtheiten, die sie den Wahrnehmungen und Vorstellungen beilegt, anzeigt, in welchen Zustand sie durch die Vorstellungen bezw. Wahrnehmungen versetzt wird. „Dass an Vorstellungen Gefühle sich knüpfen, geht nie aus der Natur der Vorstellungen oder aus irgend einer Complication derselben hervor; sie entstehen vielmehr, sofern die Vorstellungen zurückwirkend auf das Ganze der Seele in diesem ein eigentümliches Vermögen des Gefühls antreffen, dem die

---

1) Met. p. 524.
2) Lehrb. § 36.

neuen Erscheinungen der Lust oder Unlust abzugewinnen sind". [1]

So setzt Lotze die Seele wieder in ihre Rechte ein, die ihr Herbart genommen hatte. Denn das ist der Grundfehler von Herbarts empirischer Psychologie: sie beschreibt ein Seelenleben ohne Seele. „Wenn überhaupt, sagt Lotze [2], die Seele (nach der Herbartischen Psychologie) einmal thätig gewesen ist, so ist sie es nach ihr doch nur einmal gewesen; gegen die Reize, die von aussen kommen, hat sie durch Erzeugung der einfachen Empfindungen sich behauptet; aber von da an ist sie passiv geworden und lässt ihre inneren Zustände thatlos sich über den Kopf wachsen. Alles was weiter in ihr geschieht, die Bildung ihrer Begriffe (versteht sich: Allgemeinbegriffe vgl. „Lehrb." § 180 und 189) die Entwickelung ihrer verschiedenen Vermögen, die Festsetzung der Grundsätze, nach denen sie handelt: alles dies sind die mechanischen Resultate der Gegenwirkungen, und niemals zeigt sich die Seele,' der Boden, auf dem dies geschieht, vulkanisch und reizbar genug, um mit neuen Rückwirkungen in das Spiel der Zustände einzugreifen und ihnen Wendungen zu geben, die nicht analytisch aus ihnen allein schon nach allgemeinen Gesetzen ihrer Wechselwirkungen hervorgingen".

Demgegenüber betont Lotze mit Recht, dass die Seele „nirgends der blose Umfassungsraum für das Getriebe der inneren Zustände sei, sondern der lebendige Boden, welcher durch jede augenblickliche Schöpfung, die auf ihm gewachsen ist, zugleich neue Bedingungen zur Hervorbringung höherer in sich erzeugt hat". [3] Und diese Thatsache, dass die Seele simultan und successiv so vielfache Aeusserungen ihres Wesens hervortreibt, spricht durchaus nicht gegen ihre Ein-

---

1) Med. Psych. p. 150.
2) Met. p. 535.
3) Met. p. 538.

heit, denn diese beweist sich jeden Augenblick dadurch, dass die Seele alle diese Aeusserungen als Ihr Bewusst-Seiendes hat.

Ganz ungenügend und falsch ist endlich die Herbartische Theorie der Willenserscheinungen. Das Begehren entsteht nemlich nach Herbart direkt nur auf Grund eines Unlustgefühls. Die einfache Begierde ist eine Vorstellung, welche durch eine Wahrnehmung oder Vorstellung reproducirt und über die Schwelle des Bewusstseins gehoben, durch eine andere gehemmt und zurückgetrieben wird (wodurch sie „Sitz" eines Unlustgefühls wird s. oben S. 72) doch so, dass die Hemmung schwächer ist als die reproducierende Kraft, und die reproducierte Vorstellung die Hemmung überwindet (wodurch das Gefühl der Unlust in Begierde übergeht)[1]). Man sieht, es handelt sich nur um eigenartige Reproduktion von Vorstellungen, wonach also kein Gegenstand bei seiner ersten Wahrnehmung Gegenstand des Begehrens werden könnte. Wie nun aber, selbst diese Beschränkung zugegeben, von dieser gegen eine Hemmung durchgesetzten Reproduktion einer Vorstellung die Brücke zu der den Gegenstand der Vorstellung verwirklichenden Handlung zu schlagen sei (in welche doch erfahrungsgemäss jede Wollung ausläuft, wenn nicht die Handlung durch hindernde Umstände unmöglich gemacht wird), ist nicht abzusehen, und Herbart hat es gar nicht versucht. Vielmehr setzt er einfach in den aus der „gemeinen Erfahrung" für sein „a priori" gewonnenes Resultat angezogenen Beispielen an Stelle der erschwerten Reproduktion eine erschwerte Handlung, welche „in dem Mass ihrer Schwierigkeit dahin wirke, dass wir uns anstrengen und immer stärker anstrengen", wie bei der erschwerten Reproduktion immer mehr von den mit der zu reproducieren-

---

[1]) s. oben S. 72 und Lehrb. § 33.

den verschmolzenen Vorstellungen, zur Hülfe kommen[1]). Wie wir aber dazu kommen, eine Handlung überhaupt zu beginnen, erklärt Herbart nicht und kann er nicht erklären, da ja mit der vollendeten Reproduktion auch das Wollen vollendet sein muss und es ausser dieser Reproduktion kein Ziel hat.

Lotze teilt die Willenserscheinungen ein in Triebe und eigentliche Wollungen. Voraussetzung für das Auftreten beider ist das Vorhandensein von Vorstellungen und mit diesen verknüpften Gefühlen sowie die Erfahrung, dass und wie weit Vorstellungen mit bestimmten Gefühlen der Lust oder Unlust zu erlangen resp. zu beseitigen seien. „Drei Momente, sagt er[2]), finden wir zu unterscheiden, die in ihrer Gesamtheit den Trieb bilden. Den Anfang des Ganzen bilden stets einzelne körperliche oder geistige Ereignisse, Thätigkeiten z. B. der Nerven, die durch mancherlei Reize aufgeregt worden, die aus irgend einem Grunde in Bewegung geraten. Geschähen alle diese Ereignisse in einer lediglich intelligenten Seele, so würden sie zwar auch in ihr eine Unermesslichkeit von Folgen hervorbringen, aber sie würden ihr doch stets nur das ganz gleichgiltige Schauspiel eines bunten Wechsels von Erscheinungen gewähren, ohne dass die Seele sich selbst durch einen Zug dieses Geschehens gehoben getrieben oder gehemmt empfände. Aber da alle diese Geschichten sich in einer Seele ereignen, welche die Grösse, die Lebendigkeit, die harmonische oder widerstreitende Kombination ihrer Thätigkeiten und Zustände zugleich als Lust und Unlust fühlt, so begleitet jede einigermassen kraftvolle von diesen Veränderungen ihres Innern auch ein deutliches Gefühl eines eigentümlichen qualitativen Leidens oder Wohlseins. Und hiermit würde der Vorgang enden, wenn

---

1) Psych. II § 150 p. 350.
2) Med. Psych. p. 297.

umgekehrt die Seele nur fühlte und keine Vorstellungen besässe, die ihr eine Erfahrung möglich machen. Im Bewusstsein ist das erste Ereigniss, von dem der Trieb ausgeht, stets nur ein Gefühl einer eigentümlichen Lage, in welche unser Wesen versetzt ist; in dieser Lage aber würden wir verharren und, wenn sie schmerzhaft ist, zu Grunde gehen müssen, ohne einen Ausweg aus ihr zu finden, wenn nicht Erfahrungen uns gelehrt hätten, welches Heilmittel für sie vorhanden ist, oder in welchen zufriedenstellenden Ausgang sie übergeführt werden kann. Sobald diese Vorstellungen eines erreichbaren Zieles in der Erinnerung auftauchen, erscheint die geschehende Bewegung als auf dieses Ziel gerichtet und sich ihm annähernd, die gehemmte als von ihm zurückgehalten, und das Gefühl einer Lage hat sich nun in das angenehme oder unangenehme Gefühl einer Bewegung verwandelt, welche uns einem wohlthuenden oder schmerzlichen Endpunkte zuführt". — Von solchen Trieben würden wir ohne Zweifel im Leben am häufigsten zu unseren Handlungen gedrängt, und nur selten äusserten wir einen wirklichen Willen, indem wir der Bewegung unserer Zustände uns nicht nur hingäben, sondern sie adoptierten oder einer geschehenden eigenmächtig entgegenwirkten. Der Akt des Wollens sei übrigens nicht zu schildern, noch zu erläutern, sondern könne als eine Grunderscheinung des geistigen Lebens nur erlebt werden [1]).

Indem ich Lotze vollkommen darin beistimme, dass das Wollen eine Grunderscheinung des seelischen Lebens ist, verschieden von Vorstellen und Fühlen, und zu seiner Voraussetzung das Vorhandensein von Vorstellungen und bestimmten mit diesen verbundenen Gefühlen im Bewusstsein zur Voraussetzung hat, sowie eine Erfahrung von der Möglichkeit und den Mitteln, diese Vorstellungen zu ändern,

---

1) Med. Ps. p. 300.

kann ich dagegen eine Scheidung der Willenserscheinungen in Triebe und eigentliche Wollungen, wie sie Lotze vornimmt, nicht als richtig anerkennen.

Im Triebe soll, sobald die Vorstellung eines erreichbaren Zieles d. h. der Verwirklichung einer lusterregenden oder Beseitigung einer unlusterregenden Wahrnehmung oder Vorstellung in der Erinnerung aufgetaucht ist, die geschehende Bewegung als auf dieses Ziel gerichtet und sich ihm annähernd, die gehemmte als von ihm zurückgehalten erscheinen. Also die betreffende Bewegung geschah schon auf ein Ziel hin resp. wurde schon von einem Ziele zurückgehalten, bevor noch die Erinnerung lehrte, dass diese geschehende resp. gehemmte Bewegung etwas zur Folge haben würde, was dem vorstellenden und fühlenden Subjekt ein Lustgefühl verursachen oder ein Unlustgefühl beseitigen musste. Jene Bewegung resp. jene Hemmung einer Bewegung war also völlig unbewusst; denn eine Handlung, bei welcher sich der Handelnde keines Erfolges derselben bewusst ist und die er nicht um ihres Erfolges willen thut, muss so bezeichnet und, falls der Handelnde sich in einem zurechnungsfähigen Zustande befindet, zu den Reflexbewegungen gerechnet werden. Dann aber ist eine solche Handlung gar nicht mehr als von einer Willenserscheinung veranlasst anzusehen, sondern höchstens von dem Augenblick an, wo der Handelnde sich des Erfolges dieser bisher reflectorischen Bewegung bewusst wird und nun denselben „will". Von diesem Augenblicke an aber unterscheidet sich die betreffende Handlung in nichts von den eigentlich gewollten und „Trieb", als ihre Veranlassung angesehen, würde ein anderes Wort sein, keine andere Bedeutung haben als „Wille". Ich halte es daher für notwendig, jede Handlung und Bewegung auch von Tieren,' sofern sie nicht Reflexbewegung ist, als eine „gewollte" zu bezeichnen, welche eine oder mehrere mit Gefühlen der Lust oder Unlust verknüpfte Vorstellungen zur Voraussetzung habe.

Wir sind hiermit am Ende auch des psychologischen Teiles unserer Untersuchung, deren Ergebniss wir kurz zusammenfassen:

Herbart bezeichnete die Seele als ein Reales, Lotze als Substanz; nach H. war die Seele unentstanden und unvergänglich, nach L. entstanden und wahrscheinlich unvergänglich; H. bestimmte die Seele als ein Reales, dessen Selbsterhaltungen Vorstellungen seien, dessen Qualität im Uebrigen aber unbekannt sei, nach L. hat die Seele Vorstellungen, Gefühle und Strebungen und das eben sind ihre Bestimmtheiten; nach beiden Philosophen ist die Seele ein einfaches Wesen. In der empirischen Psychologie leitet sodann Herbart die qualitativ-räumlich-zeitlich bestimmten Wahrnehmungen und Vorstellungen sowie nachher die Gefühle und Willenserscheinungen aus den Wechselwirkungen der einfachen Vorstellungen (Sinnesqualitäten) ab, Lotze hält ebenfalls für ursprünglich gegeben nur die einfachen Sinnesqualitäten, aber die räumliche Bestimmtheit resultiert ihm nicht aus logischen Verhältnissen der einfachen Qualitäten, sondern wird von der Seele zu den qualitativen Bestimmtheiten hinzugefügt, dagegen ist die zeitliche Vorstellung ihm wie Herbart eine Folge logischer Verhältnisse der Wahrnehmungen und Vorstellungen. Die Gefühle sind nach L. ursprünglich mit jeder Wahrnehmung und Vorstellung verbunden und sind Zustände der Seele, nicht wie bei H. der Vorstellungen; die Willenserscheinungen sind secundäre Grunderscheinungen des Seelenlebens, nicht Folgeerscheinungen eigenartiger Vorstellungsreproduktionen, wie Herbart lehrte, und haben Vorstellungen und mit diesen verknüpfte Gefühle der Lust und Unlust sowie eine gewisse Erfahrung zur Voraussetzung.

Wir konnten in der Psychologie Lotze öfter beistimmen als in der Metaphysik. Seiner Bestimmung des Begriffs Seele brauchten wir nur, zur Unterscheidung der Seele von dem übrigen Seienden, die negative Bestimmtheit der Unräumlichkeit hinzuzufügen. Mehrfach mussten wir ihm bei der Erörterung der Entstehung und Vergänglichkeit der Seele entgegentreten; ebenso in seiner Polemik gegen die Herbartische Theorie der Hemmungen und der veränderlichen Stärke der Vorstellungen sowie in seiner Deduktion der Raumanschauung; beistimmen aber konnten wir ihm in seiner Kritik der Herbartischen Lehre von der Aufmerksamkeit, den Gefühlen und den Willenserscheinungen, wenn wir ihm auch nicht in allen Einzelheiten zu folgen vermochten.

Lebenslauf.

August Friedrich Christian Haeger, evangelischer Confession, bin geboren am 14. December 1859 in Wildenhagen Kr. Cammin in Pommern. Ich besuchte bis in mein vierzehntes Jahr die Dorfschule, darauf ein Jahr lang die Privatschule eines älteren Kandidaten der Theologie und von Ostern 1874 bis Ostern 1880 das Gymnasium zu Greifenberg i./Pom. Mit dem Zeugniss der Reife entlassen bezog ich die Universität Berlin, wo ich bis Ostern 1884 klassische Philologie, deutsche Litteratur und Geschichte studierte und Vorlesungen folgender Herren Professoren hörte:
 Breslau, Diels, Geiger, Hübner, Kiepert, Kirchhoff, Rödiger, Scherer, Tobler, v. Treitschke, Vahlen, Zeller.

Im Juni 1886 bestand ich das Examen pro facultate docendi, absolvierte von Michaelis 1886 bis Michaelis 1887 mein Probejahr am Königl. Domgymnasium zu Colberg, wo ich auch den folgenden Winter noch als freiwilliger wissenschaftlicher Hülfslehrer verblieb. Ostern 1888 ging ich auf die Universität Greifswald, um meine philologischen und philosophischen Studien fortzusetzen. Hier hörte ich während vier Semester Vorlesungen folgender Herren Professoren und Dozenten:
 Kiessling, Maass, Marx, Preuner, Rehmke, Schultze, Schuppe, Susemihl;
war Mitglied des klassisch-philologischen Seminars unter Leitung der Herren Professoren Kiessling, Maass, Marx und nahm Teil an den archaeologischen Uebungen des Herrn Prof. Preuner und an den philosophischen der Herren Professoren Rehmke und Schuppe.

Im December 1890 bestand ich eine Erweiterungsprüfung und bin seit dem 15. Januar d. Js. vertretungsweise als wissenschaftlicher Hülfslehrer am Königl. Gymnasium zu Greifenberg i./Pom. beschäftigt.

Zum Schlusse spreche ich allen Herren Dozenten, die mich in Vorlesungen und Uebungen belehrt haben, meinen tiefgefühlten Dank aus, vor allen aber meinem hochverehrten Lehrer, Herrn Prof. Dr. Rehmke, der mir in wahrhaft väterlicher Weise zur Seite gestanden und meine Studien in die rechten Bahnen gelenkt hat.

Thesen.

I.

Ein Beweis aus der Geschichte, dass Bildung nicht beitrage zur Hebung der Sittlichkeit, dass vielmehr das Gegenteil der Fall sei, ist nicht zu erbringen.

II.

Jede wissenschaftliche Ethik muss die Gefühle der Lust und der Unlust als die Triebfedern alles menschlichen Handelns zu Grunde legen.

III.

Eine Vereinigung des idealistischen Monismus mit wissenschaftlicher Betrachtung des Seienden (vgl. Falckenberg, Gesch. d. Neuer. Philos. p. 471) ist nicht möglich.

IV.

Aeneidis libri singuli a Vergilio ut epyllia quodammodo propria et ex se apta composita sunt.

V.

Virgilii Aeneidis libro I delenda sunt verba:
vs. 477   huic cervixque comaeque trahuntur
478   per terram et versa pulvis inscribitur hasta.

VI.

Lucret. de rer. nat. II 875 contra Lachmannum restituendum est: vertunt se fluvii in frondes.